身近なコトから理解する

# インクルーシブ社会の障害《がい》学入門

―出雲神話からＳＤＧｓまで―

水内 豊和 著

はじめに

あたりまえ×障害

# 障害児・者とその家族の想う「あたりまえへのアクセス」

## 「あたりまえへのアクセス」

みなさんは、今日のお昼ご飯は何を食べましたか？　お弁当を持参した人もいれば、コンビニで買った人、レストランや食堂で食べた人もいるでしょう。例えばレストランで、今日はハンバーグを食べたいという気分だったのに、ランチメニューを見ると焼き魚定食以外は売り切れていたとしたら、そのとき、あなたはどうしますか？

別のところに食べに行くこともできます。あるいは時間もないから焼き魚定食でもいいやと自ら折り合いをつけてそのまま注文したり、お昼を食べないと我慢したりするかもしれませんね。期待していたようなランチタイムは過ごせなかったけれども、それでもランチを食べるというイベントにはさまざまな選択肢があり、自分の意志で行動を決めることができます。

こんなふうに、みなさんは普段から、やってみたいな、行ってみたいな、食べてみたいな、あるいはこれはしたくないから断りたいな、などという希望や欲求に対し、自分で選択し、決定することがある程度できているかと思います。また、今所属している学校や会社は、多くの情報にアクセスし、複数の選択肢の中から、自分の意思で決めてきたのではないでしょうか。

このことを障害のある人に置き換えてみたとき、そうしたモノ・コト・サービスへのアクセスのしやすさという点では、同じとはまだまだ言い難いようです。障害のある人とその家族にとって、アクセスしたいけど容易ではないことを挙げてみましょう。

## 子どもにとって

学習面や行動面で課題のある子どもであれば、ＩＣカードを使ってコンビニで好きなものを買いたい、ならぶのは苦手だけどテーマパークに行って遊びたい、小学校で必修化された**プログラミング教育**をやってみたい、ママはもっとボクとだけ遊んでほしい（本人ならびに**きょうだい児**）、などがあります。

## 大人にとって

発達障害のある成人で例を挙げると、働きたい、スマホを持ちたい、ネットカフェを利用したい、一人で**カラオケ**したい（ヒトカラ）、**自動車運転免許**をとって運転したい、選挙に行きたい、友達と飲み会に行きたい、友達と泊まりの旅行に行きたい、地域の**成人式**に参加したい、恋愛・結婚したいなど、彼らの思う様々なあたりまえへの欲求を本人たちからよく聞きます。

## 家族にとって

家族、とりわけ母親を例に挙げると、子どもにかわいい服を着せたい、親子で海外旅行に行きたいといった子どものいる生活へのあこがれだけでなく、障害のある子がいても働きたい、趣味を続けたい、おしゃれでいたい、（ママ友ではなく）高校時代の友

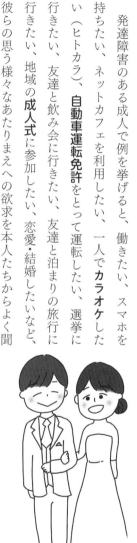

達たちと温泉旅行に行きたいなど、一人の女性としてこうありたいという、昔思い描いていたけどあきらめてしまいかけていた**未来予想図**の実現と、揺らいでいる**アイデンティティ**の再確立が課題になります。[1]

## インクルーシブ社会の実現のために

こうした、当事者の方たちの「**理想自己**と**現実自己**のギャップ」を埋めることは、本人たちががんばるということだけで、どうにかなるものではありません。それをどのように支えることができるかは、**インクルーシブ社会**の実現において重要な課題といえるでしょう。

本書では、障害のある子どもから大人とその家族が、さまざまな**ソーシャルサポート**や**ICT**を用いながら、すでにできていることをさらに高め、やりたいことをとことん支援付きで可能にする、そのための方途を探求します。障害のある方とその家族の心理的な安全・安心の確保の上に希求する「**あたりまえへのアクセス**」に対するサポートであり、その先にはあるのは生活の質（**QOL**）そして**ウェルビーイング**の向上です。

ここでいう「あたりまえ」とは、「支援者や周囲の人にとってのあたりまえ」「社会通念や常識」「生活年齢から期待される一般的なこと」ではなく、「障害のある当事者やその家族が想い描くあたりまえ」のことです。理想自己に向けた自己実現の様相といっても良いかもしれません。

その際、決して支援者側から一方的に指導的・指示的に解決策を提示するのではなく、あくまで対象者に寄り添いながらていねいに関わり、「自分は自分でいいんだ」「自分はこんなことが得意だ」といった面で肯定的な**自己理解**を促しつつ、**自己選択・自己決定**を尊重したサポートが大切だと考えています。また、その実現の方途の一つとして、ＩＣＴの積極的活用や**アクセシビリティ**の推進が大きく寄与することは間違いありません。

私の研究室では、発達障害・知的障害のある子どもから大人とその家族の方と関わりを常にもちながら、ゼミの学生たちとともに「あたりまえへのアクセス」の実現のサポートとその研究をしています。本書では、そうした当事者たちのリアルな姿を描きつつ、実はみなさんの身の回りにあるいろいろなモノ・コト・サービスが、障害とは無関係ではない、むしろかなり関係しているということを、わかりやすく解説します。

本書を読んで、「障害」を自分ごとと感じ、真のインクルーシブ社会を構築するために、今日から自分にできることを調べたり、考えたり、実践してみていただけたらと思います。

◎本書では、特定の名称以外は、障害者基本法に基づき、漢字の「障害」という表記を用います（詳しくは第8講義参照）。

◎本書では、自閉スペクトラム症をASD、注意欠如・多動症をADHD、学習症をLDと英語の略称で示します。

◎本書で扱う事例は、当事者ならびにその家族に許可を得たものであり、かつ個人が特定できないように加工しています。

## 補足　「あたりまえへのアクセス」という用語について

「あたりまえへのアクセス」ということばについては、私と共同研究をしている栃木県の鹿沼自動車教習所（第22講義参照）と富山大学との共同で、文字商標[2]として登録されていますが、これは、使用を制限する意図で登録したわけではありません。「支援者や周囲の人にとってのあたりまえ」「社会通念や常識」「生活年齢から期待される一般的なこと」への近接を本人以外の人が求める意味で誤用されることを避け、あくまで「当事者やその家族が想い描くあたりまえへのアクセス」という意味で用いるもの、ということを明確にするためです。この意図を理解の上で、むしろ積極的にご活用下さい。

## 調べてみよう
## 考えてみよう
## やってみよう

1. 自分にとってその時代、文化、国籍、年齢、所属などにおいてあたりまえと思っていたりできていたりすることが、障害のある人やその家族にとって同じかどうか、やりたいと思っていても本人の障害もしくは社会側のバリアによってできていないことにどのようなことがあるのかについて、グループで話し合い、書き出してみましょう。

2. 1と同じことについて、実際に、あなたと同じ地域に住む障害のある人やその家族の人に尋ねてみましょう。

3. 2で話をうかがった障害のある人とその家族が願う「あたりまえへのアクセス」がどのようにしたら実現するのか、さらには教育・心理・福祉・保健分野等の支援者として直接できること、もしくはともに生きる社会の構成員としてできることは何かをしっかり考え、そして実践してみましょう。

## 障害児・者とその家族の想う「あたりまえへのアクセス」

1　本書では扱いませんが、一人の女性としてこうありたいという、昔思い描いていたけどあきらめてしまいかけていた未来予想図の実現と、揺らいでいるアイデンティティの再確立はとても大切な課題ですが、現状そうした支援があまりなされていません。筆者の取り組みについては以下の論文を参考にしてください。すべてweb上にて公開しています。

水内豊和・島田明子・成田泉・大井ひかる（2018）自閉スペクトラム症幼児をもつ母親を対象とした子育てプログラムの効果—育児期の女性のアイデンティティの実態からの分析—．日本小児保健協会編　小児保健研究，77（4），364‐372．

水内豊和・成田泉・島田明子（2017）自閉スペクトラム症幼児の母親を対象としたストレスの内容の違いによる子育てプログラムの効果．日本LD学会編　LD研究，26（3），348‐356．

水内豊和・島田明子・成田泉（2016）自閉スペクトラム症幼児の母親を対象としたストレスコーピングの違いによるペアレント・プログラムの効果．富山大学人間発達科学研究実践総合センター紀要，11，81‐86．

島田明子・水内豊和（2016）保健センターにおける発達に気がかりのある幼児の母親を対象とした「ペアレント・プログラム」の効果に関する実践研究—3歳児健診で要経過観察児とされた時期におこなう集団式親支援とは—．とやま発達福祉学年報，7，3‐10．

2　文字商標　第6199278号「あたりまえへのアクセス」2019年11月22日

# 目次

身近なコトから理解する
# インクルーシブ社会の障害《がい》学入門
―出雲神話からSDGsまで―

# 障害について考える27の講義

第1講義

鉄道×障害

# 鉄分多めな人のお話

## 新幹線にみるバリアフリー

2015年、当時住んでいた富山に北陸新幹線が開通しました。それは単に富山から関東方面への出張が楽になるという機能的な話だけではなく、私にとって心踊る出来事でした。実は私は、特に新幹線を愛する「テツ」なのです。ちなみに一番好きな車両は、出身地である岡山県を走る山陽新幹線で活躍していた500系。

東海道新幹線は、標準で1323名の定員となっていますが、2020年10月に、高齢者、障害者等の移動等の円滑化の促進に関する法律（**バリアフリー法**）省令に基づく**バリアフリー**の基準が改正されたことを受け、2021年度に導入された編成からは、車椅子スペースが従来の3席から6席に増やされています。なお、対応席がある11号車の車両ドアの幅は広くなっています。もし乗る機会があったらぜひ自分の目で確認してみてください。

## 「黄色い線」と言わないで！

電車が駅に入ってくる際に、構内で流れるアナウンス。「危険ですので、**点字ブロック**（点状ブロック）までお下がりください」と変わったことにお気づきでしょうか。以前は「黄色い線」と言っていました。ＪＲ西日本では２０１１年3月からこのように変更しています。全盲の人に色で線の存在を指示されてもわかりませんし、弱視の人には黄色かどうか判別がつかないからです。一時期、視覚障害者の転落事故が相次いだこともあり、駅のバリアフリーも進みつつあります。

## テツとASD

発達障害、特にＡＳＤのある人の男女比は、疫学的にはおおよそ4対1で男性が多いとされますが、私と関わりのある彼らには、年齢にかかわらず、男性には鉄道マニア、いわゆる「テツ」が少なくありません。

テツといっても一様ではありません。私は発達障害のある成人の**余暇サークル**の監修をしていますが、メンバーの中には、乗るのが好きな「乗りテツ」、写真を撮ることが好きな「撮りテツ」、Nゲージなどの模型が好きな「模型テツ」、駅弁のラベルを収集している人、時刻表を正確に記憶している人、特にSL（蒸気機関車）に詳しい人、私鉄だけ詳しい人など、さまざまなテツがいます。時刻表好きなある方は、毎月時刻表を2冊買い、1冊は閲覧用としてボロボロになるまで見たり書き込んだりし、もう1冊は保存用として綺麗に書架に並べています。写真は、私の心理相談に来ているASDの方の作品です。彼は思い立ったら、普通のA4用紙に展開図を描き、彩色して一気にリアルなペーパークラフト作品を作り、訪問ごとに大量にプレゼントしてくれます。

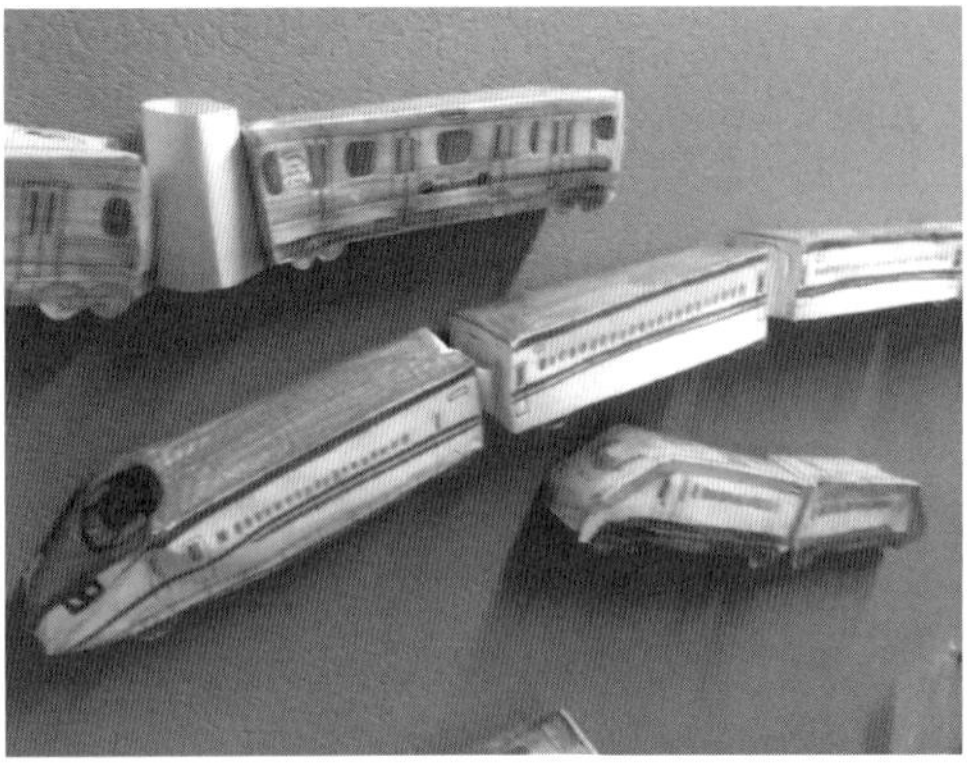

ASD成人が作るリアルなペーパークラフト。何も参考にせずにいきなり展開図を描いて切って作る。細部まで精緻で、本人は読めない型式表示などの「文字」も「図」として正確に描き込まれる。

彼らをして、「限局された興味関心」とか「**こだわり**」とネガティブに表現されることがありますが、彼らのテツにかける情熱、知識、スキルなどには本当に感嘆します。

## 時刻表アプリVSテツ

以前、富山から東京都の恵比寿に出張することがありました。そのときの私は、恵比寿が果たして都内のどこにあるのかイメージできず、スマホの交通案内アプリで到着時刻を指定して経路検索をしました。「時間が早い」「乗換えが少ない」「安い」という条件設定のもと一瞬で経路が提示されます。が、うーん、なんか違和感。なぜだろう？　到着したい時刻よりもかなり早い時間のものしか出てこない。1本後を検索すると1時間後。あれれ？北陸新幹線って1時間に1本しか走ってなかったっけ??　そこは私も一応自称テツ。なるほど、わかった。速達タイプの新幹線「かがやき」を使った経路が出てきていないのだ。各駅停車の「はくたか」で大宮駅でJR埼京線に乗り換えて恵比寿に行かせる経路しか提案されない。じゃあ、「かがやき」で

東京駅まで行き、そこからベタかもしれないが山手線に乗ってみたらどうだろう。ここでWeb時刻表を見てみると出発時間が30分遅い「かがやき」は、はたして存在しました。それを利用した際の到着時間の差はわずか2分遅いだけでした。

後日この話を成人のASDのある友人に話したところ、「先生、新幹線の利用時間によって、乗り換えを上野にするか、大宮にするか、東京にするかは違ってきますよ。そんなのあたりまえじゃないですか」とたしなめられました。そっか、上野という選択肢もあるのか…脱帽。(2015年時点での話です。今では交通案内の検索結果もさまざまなバリエーションを提案してくれます。)

## Overnight Sensation～時代は発達障害者に委ねてる～

このようにPCやスマホなどの便利な機械・ツールは、私たちに確かに一見「最善の方策」を端的に提示してくれますが、そこに「遊び」や「あいまいさ」といった要素をはらませることは一切許しません。

私は夢中になりましたが、子どもの頃プラレールにはまって遊んだ人も多いのではないでしょうか。あの頃、試行錯誤しながら夢中になってレールをつなげた経験は、その時限りの過去の遺産ではなく、私たちの知識にそして生活に確かに根付いているはずです。しかし少なくとも私は冊子の時刻表を使う機会がないと思っているばかりか、使わないことをスマートだとする価値観にとらわれてしまっているのが現状です。気がつけば、時刻表を買うこともう20年近くしていません（まだ出版はされています）。

ASDを含めた発達障害は、脳の**機能障害**という生物学的脆弱性に起因することは疑うべくもないことですが、その彼らをして「障害者」としているのは、いわゆる「**健常者**」（って誰?・?）というマジョリティが作り上げた「21世紀現代の日本という時代・社会・文化様式」の中に置かれているからであり、障害状況は、特にことばに代表されるコミュニケーションを前提としたこの社会と、本人の特性との相互作用の中で「作られた」ものなのです。ものの認知や理解の仕方が、**定型発達**の人と違う発達障害のある人たちは、ある部分では私よりも生き方を楽しんでいるのではないかと思います。

ところで、わが国で、なぜASDのある人にテツが多いのかを検証した学術的研究はありません。彼らが鉄道の何に魅せられるのか、鉄道に関する記憶のメカニズムはどのようになっているのか、はたして鉄道のない国に生まれついた人はどうなるのか、謎はつきません。どなたか一緒に、学際的な見地からこの謎に迫ってみませんか？

調べてみよう
考えてみよう
やってみよう

1. 視覚障害者のホームからの転落事故とその対策について調べてみましょう。

2. 自分がよく利用する公共交通機関（駅や車両）について、多目的トイレの位置や数、エレベーターなど、バリアフリー関係の設備を調べてみましょう。

3. 私たちの暮らしの多くの側面で**人工知能（AI）**化が進むことによってもたらされるメリットとデメリットについて考えてみましょう。たとえば**フィルターバブル**という現象をどう考えますか？

第2講義

# 切手×障害

# 社会認識がぎゅっと詰まっています

## 障害についての認識の変遷

現在40代後半以上の方は、切手や記念硬貨、テレホンカードやオレンジカードの収集をしていたこともあるのではないでしょうか？　かく言う私も1976年生まれのアラフィフ。小学生の頃は、珍しい切手があれば封筒から切り出し、ぬるま湯につけて丁寧にはがし、切手アルバムにコレクションしたものです。今の学生たちには、ちょっと何言ってるかわからない（笑）。そんな切手と障害にまつわるエトセトラ。

写真1は「日本の点字制定100周年記念切手」です。今日ある6点式**点字**は、フランス人の**ルイ・ブライユ**によって1825年に発明されましたが、日本では1890年11月1日、東京盲唖学校教員の**石川倉次**の考案した日本語の点字を端緒とし、「日本点字制定の日」（巻末付録参照）としています。その100年後に当たる1990年に記念切手が発行されたのです。

## 社会認識がぎゅっと詰まっています

ちなみに「**点字郵便制度**」は1917年に始まり、その後数度の料金改定を経て、1961年に無料化され、今日に至ります。この制度によって、点字の手紙、書籍、**録音図書**、点字用紙が廉価で郵送できるようになりました。

このように日本では、視覚障害、あるいは聴覚障害などについては、比較的早い時期から社会的なサポートがありました。日本最初の障害児のための公立学校も1878年に開設された**京都盲唖院**でした。「**特殊教育**」のスタートです。「盲」は視覚障害、「唖」は聴覚の問題に起因する音声言語コミュニケーション障害を指します。1923年には、全国に**盲学校・聾学校**の設置が義務化され、同時に盲学校と聾学校は分離します。

その一方で、視覚障害、聴覚障害以外の障害のある子どものための学校の設置は遅れました。ただし、実は江戸時代の寺子屋には、盲児、聾唖児だけでなく、肢体不自由児、知的障害児等の障害児が在籍していたようです。[3]

戦後制定された、**教育基本法**、**学校教育法**のもとに、盲学校、聾学校に加えて、ようやく知的障害児、肢体不自由児、病弱児のための**養護学校**が制度上は位置付けられましたが、実際には併存する**就学猶予・就学免除規定**により養護学校の設置は進みませんでした。親の運動などもあり、**養護学校義務制**となったのは、それこそ特殊教育が公的に開始されて100年を経た1979年のことです（写真2）。

障害の種類と程度に応じて教育の場を定める「特殊教育」システムは、特殊学級と盲・聾・養護学校が整うことでこの時完成しました。その後、**障害の重度重複化**や、通常の学級にも発達障害のある子が在籍していることから、2007年にインクルーシブ社会の実現を見据え、障害という固定的なものではなく、子どものニーズに応じた教育サービスを保障する「**特別支援教育**」へと、特殊教育から大きく教育システムが変革しました。

## 知的障害を扱う切手はなぜ少ない？

1981年は障害者を取り巻く国際的な大きな動きがありました。国連では1975年「**障害者の権利宣言**」を採択したことに続き、これらを単なる理念としてではなく社会において実現するという意図のもと、1976年に1981年を「**国際障害者年**」とすることが採択、決議され

ました（写真3）。テーマは「**完全参加と平等**」。私はこの時まだ幼児ですから、この時のことを実感をもって過ごしたわけではありませんが、国内ではいろいろな運動やキャンペーンがなされたようです。テーマソング「地球の仲間」も作成され、NHKの「みんなのうた」で放映され、学校の合唱コンクールなどでもよく歌われたようですね。ロックバンド「トランザム」の歌をいまでもユーチューブで見ることができます。

なお、この運動を継続させるため、1983〜92年までを「**国連・障害者の十年**」、1993〜2002年までを「**アジア太平洋障害者の十年**」として、各国が計画的な課題解決に取り組みました。後者については「アジア太平洋障害者の十年国際会議記念」として2002年に記念切手が発行されました（写真4）。

このように、1950年代に北欧諸国から始まった世界的な**ノーマライゼーション**の展開から2007年の国連**障害者権利条約**の署名やその後の批准といった障害者施策の潮流について、わが国で切手で取り上げられたものはわずかにしかありません。しかし、世界に目を転じてみると、実に多彩なテーマで切手が発行されていますので、興味をもった方は調べてみてはいかがでしょうか。

なお、使用済み切手やテレホンカードを含む各種の使用済みプリペイドカード、書き損じハガキなどは、各地にある障害者ボランティア協会や視覚障害者協会などで収集しており、活動資金として活用されています。

切手ではありませんが、２０１８年11月から東京２０２０**パラリンピック**の記念硬貨が数種類発行されています（写真５）。車いすラグビーやパラサイクリング、ボッチャなど、パラリンピック特有の様々な競技種目のものもあり必見です。

ところで、ここまで取り上げてきた切手や硬貨に共通することは、どれも身体障害に関するものということにお気づきでしょうか（写真６）。他にも、**車椅子**、**手話**、**盲導犬**といった道具・支援ツールを題材としたものが日本を含むさまざまな国でもみられます。販売数が見込めるかどうかも関係するのでしょうが、知的障害、発達障害児・者の支援を専門とする私からすると少し寂しく感じます。また、精神障害を扱ったものもありません。この状況はそのまま日本における理解度の違いを反映しているとも考えられます。唯一、知的障害者の世界的なスポーツ活動である**スペシャルオリンピックス**をモチーフとした切手が、わが国でも過去に発行されています。スポーツは意匠化しやすいですね。

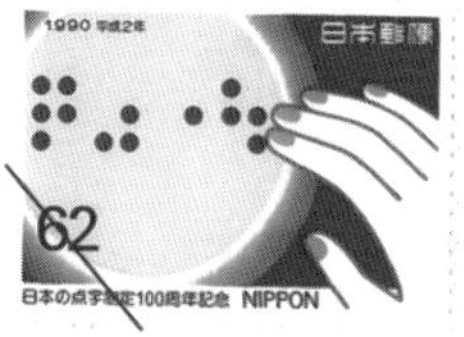


写真1　日本の点字制定100周年記念切手（1990年）

写真2　特殊教育100周年記念切手（1979年）

写真3　国際障害者年切手（1981年）

写真4　アジア太平洋障害者の十年国際会議記念切手（2002年）

写真5　東京2020パラリンピック競技大会記念貨幣（2018～20年）

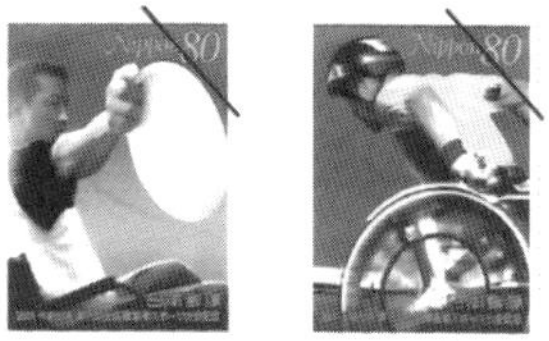


写真6　第1回全国障害者スポーツ大会記念切手（2001年）

## カセットと切手と私

高校生時代、ハガキ職人（死語ですね）だった私。当時好きだった地方岡山のRSKラジオの深夜番組「サンデーベスト」に、「41円のジュークボックス」という名物コーナーがありました。そのハガキに貼る切手が1980年代当時は41円だったのです。41円のうちの1円の端数は最初の消費税である3％導入時によるものですね（今では10％になるなんて当時想像もしていませんでした）。他にも深夜ラジオで大好きな**渡辺美里**と**TM NETWORK**の曲をハガキでリクエストし、ミニコンポでエアチェックしてハイポジ120分カセットにオートリバースでギリギリいっぱいまで録音したものです。

日本で最初に発行された切手は、明治4（1871）年だそうです。まだ通貨の単位が「円」ではなく「文（もん）」の時代。以降、今日に至るまで、情報通信手段の発展と多様化により、ハガキや封書を用いることは以前よりも少なくなりました。でも、そんな時代だからこそ、時折いただく郵便物に、さりげなくステキな記念切手が貼ってあると思わずうれしくなります。

調べてみよう
考えてみよう
やってみよう

1. 1979年の養護学校義務制に至るまでの、障害のある人や家族の運動について調べてみましょう。その際、養護学校義務制を希望しない当事者がいたことにも留意し、その理由についても取り上げてみましょう。

2. パラリンピックの歴史や現在の種目について調べてみましょう。特に知的障害者が参加できる種目についても確認しておきましょう。2000年のシドニー大会での金メダル剥奪事件についても調べ、なぜこのようなことが起きたのか、グループで話し合ってみましょう。

3. スペシャルオリンピックスについて、世界レベルの取り組みだけでなく、特に自分の住む地域での活動と併せて調べてみましょう。その際、パラリンピックやデフリンピックなどの障害者スポーツの祭典との違いについても整理しましょう。

4. 知的障害、発達障害児・者の理解啓発を目的とした切手をデザインするとしたら、どのような切手を考えますか？

3　花田春兆（1987）日本の障害者の歴史―現代の視点から―．リハビリテーション研究，54，2-8．

第3講義

マスク×障害

# 100人いれば100の感じ方がある

## マスクが困難な人への理解

日本がコロナ禍になって数年が過ぎました。私たちはさまざまな制約を受け入れながら、新しい生活様式を身に付けてきました。その一つがマスクでしょう。

私は生まれつき頭囲が大きいようで、市販のマスクでは小さく、どうしても耳の後ろが痛くなります。というか、時々自然にひもが切れます。私はそれでも、大学の研究室に一人でいるときはマスクを外しているので、比較的ラクなのかもしれません。

ところで、私と関係が深い発達障害のある人たちは、マスクをしなければならない事態になって、どのように感じ、どのように日常生活を送っているのでしょうか。

WHOや厚生労働省は、「発達上の障害や他の障害、またはマスク着用に支障をきたす可能性のある特定の健康状態をもつ子どもに対しては、マスクの使用を強制するべきではない」とし、その場合「フェイスシールドなどのマスク着用に代わる選択肢を与えるべき」として、マスク等の着用が困難な人に対する国民への理解を促しています。[4]

味覚や嗅覚、聴覚などに過敏さ（**感覚過敏**）のある当時中学3年生の加藤路瑛さんが起業した「感覚過敏研究所」は、2020年4月末から「感覚過敏のためマスクやフェイスシールドがつけられません」と記した意思表示カードの無料配布をインターネット上で始めました。それをかばんに付けたり、首からぶら下げたりして活用する様子はマスコミでも取り上げられ話題になりました。

また、国立障害者リハビリテーションセンターは「新型コロナウイルス感染症拡大に伴う発達障害児者および家族への影響」というアンケート調査の結果を2021年1月に公開しました。[5] これによると、「抵抗なくマスクをしている」44%に対し、「がまんしてマスクをしている」50%、「マスクをすることが難しい」6%と、当事者の半数以上が着用に困難を感じている結果でした。その理由のほとんどが息苦しさと感覚過敏です。

さらに、マスクをしているときの状況について尋ねると、「相手がマスクをしていると、相手の表情がわからない」44%、「相手がマスクをしていると聞き取りにくい時があるが、聞き返すことがむずかしい」41%、「相手がマスクをしていると、ふだんより、言われたことを理解するのに時間がかかる」40％、「マスクをしていると、どれくらいの大きさの声で話せばいいかわからない」32％、「相手がマスクをしていると、よく知っている人の顔がわからなくなる」32％という結果でした。

## マスクでむしろストレス減に

ある日、懇意にしている雑誌社のA記者から「発達障害とマスクの関係について記事にしたいから、取材に協力してほしい」との依頼がありました。ここ半年ほどでA記者は、発達障害に大きな関心を寄せるようになり、取材の姿勢はとても熱心だったので、社会への理解啓発につながるならばと私も喜んで協力し、発達障害の当事者、家族、支援者を紹介しました。

さて、ASDがあることをオープンにして働いていたBさん（20代）は、A記者に対し、コロナ禍で仕事を解雇されたことを憤りながら興奮して語ります。離職理由は、現場のライン作業がなくなり、オフィスへの配置換えを求められたからとのこと。仕事中のマスクは皮膚に過敏があってつらかったそうですが、離職して家にいる今は、マスクのことでは困っていません。

次は、ASDのあるCさん（30代）。コロナ禍で在宅勤務となったことから、経験のないPCでの作業となり、それがストレスになっているそうです。在宅ですから、やはりマスクのことでは困っていません。

一方、ASDのある病院勤務の介護職員Dさん（20代）は、感覚過敏の問題でマスクがどうしても合わず、これまでに20種類以上試してみて、今はどうにか特定のマスクを妥協して着用していると話してくれました。なんでも、マスクのけば立ちと匂いが受け付けられないらしいのです。

この話にA記者は前のめりになって食い付きました。しかし……Dさんは、そもそも障害特性として相貌認知がかなり弱く、極端な場合には相手が男性か女性かくらいしか理解できないこともあったので、マスクをしたことによるコミュニケーション上の困難さはさほど変わらないというのです。むしろマスクをすることで、それまでは無表情だとか怒っているみたいだとか言われていた自分の表情を隠すことができ、さらにはマスクよりも感覚過敏の影響が大きかった化粧の必要がなくなって、かえってストレスが減ったそうです。

A記者の表情がだんだんと曇っていくのが分かりました。「頭の中で描いていたシナリオとは違う！」ということでしょう。

## 「眼鏡が曇るのは困ります！」

気の毒に思った私は、自分が監修する発達障害成人当事者が20名程度集う**余暇サークル**での

ＬＩＮＥグループでマスク着用の困難さについて尋ねてみてあげるよとA記者に申し出ましたが、その日の夕方に「記事を練り直すことにします」との連絡が届きました。

私は内心安堵しました。なぜなら、Ａ記者からの連絡前にＬＩＮＥグループで「マスクのどのような点が嫌なことなのか教えてくれますか？」と投げ掛けたところ、既読はつけども返信があったのはただ一人。そしてその返事はズバリ、「眼鏡が曇ることです！」。

「発達障害者＝感覚過敏＝マスクは無理！」という方程式が誰にでも当てはまるわけではありません。〝ザ・発達障害〟という平均像を無理して作ることは、かえってインクルーシブ社会の実現

から乖離してしまう危険性を孕んでいます。また、先に示した公的機関の調査も、いわゆる定型発達者と比較した結果ではありませんので、発達障害があるからマスク着用に困っている人が多いとは一概には言えません。

むしろ、当事者のインタビューから得られた生の語りにあるリアルな生活状況からは、離職や配置換えといった、本人の特性を無視し、**合理的配慮**を提供しようとしない社会のありようがうかがえます。一人一人には感覚過敏だけではなく、その他の特性もあること、ウィズコロナ時代の障害者の生活には、さまざまな要素が複合的に影響していること。こうした事実にこそ目を向けなければならないと考えます。

**調べてみよう**
**考えてみよう**
**やってみよう**

1. ASDのある人の示す感覚過敏について、どのようなものがあるのか、当事者の手記や論文などから調べてみましょう。
2. 発達障害に限らず、コロナ禍が、障害のある方の就労や生活にどのように影響したのかについて調べてみましょう。

4　厚生労働省「マスク等の着用が困難な状態にある発達障害のある方への理解について」https://www.mhlw.go.jp/stf/newpage_14297.html
5　国立障害者リハビリテーションセンター「新型コロナウイルス感染症拡大に伴う発達障害児者および家族への影響―当事者・家族向けアンケート調査結果より―」http://www.rehab.go.jp/ddis/covid19_info/

第4講義

ビール×障害

# 飲んで人生を楽しむ、というあたりまえ

## ビールの「多様性」

春は別れと出会いの季節。例年ですと、歓送迎会が開かれ、そこにお酒はつきものです。私はお酒の中でもビール、それも大手メーカーが作る下面発酵のラガービールではなく、小さな醸造所（マイクロ・ブリュアリー）が作る上面発酵のエールビール、特にＩＰＡが大好きです。最近はガッキー主演のドラマ「獣になれない私たち」などでクラフトビールが取り上げられたりして少しずつ認知されていますが、実はビールにはラガー（ピルスナー）以外にペールエール、ベルジャンホワイト、スタウト、ＩＰＡ、アンバーエール、ヴァイツェン、セゾンなど100以上のスタイルがあることをまだまだ日本人の多くは知りません。ちなみに、富山には全国に誇るブリュアリー「城端麦酒」がありますが、他県の人でこれを「じょうはなびーる」と読める人はおそらくビール好きかアニメ好き(！)に違いないでしょう。妻の実家のある島根県ではご当地ゆるキャ

ラの描かれた「しまねっこえーる」がフルーティで、クラフトビール初学者にはおススメです。

そんな私の嗜好はさておき、冷蔵庫に、もし缶ビールや缶酎ハイがあればプルタブ付近を見てください。そこにある**点字**、なんと書いてあるかわかりますか？　正解は「おさけ」。「びーる」ではありません。実は酒類のすべてが同じ表記であり、側から見たら「点字だけ」ではビールか発泡酒なのか、はたまた酎ハイなのかわからないと思うかもしれませんね。これについて全盲の友人（ちなみに彼とは、飲み会はもとより焼肉やしゃぶしゃぶにも一緒に行きます）に尋ねたところ、買う際の袋の仕分け、冷蔵庫内の置く場所の配慮、輪ゴムをかける工夫などで、特に困ることはないとのこと。さらには最近は画像認識アプリと音声読み上げ機能を組み合わせてよく使っているそうです。ちなみに子どもの誤飲を防ぐため、ひらがなで「おさけ」と浮文字を入れているメーカーもあります。どうですか、この話だけで、**多様性**（**ダイバーシティ**）を包摂する**インクルージョン**、**合理的配慮**、そして**個に応じた支援**という、深イイ話ができそうでしょ。

点字について、一般の人たちの多くが誤解していますが、すべての視覚障害者が点字を触って読めるわけではありません。実は点字の識字率は1割程度なのです。なぜかというと、視覚障害者の内訳は60歳以上がその3分の2を占めており、高齢での中途失明者が多いからなのです。高齢者の失明は糖尿病が原因であることが多く、その際、抹消神経の障害に伴う指先の感覚機能の減退や加齢による認知機能の低下などが点字の習得に困難さを及ぼしていると考えられています。

## ビールの作り手として

ビールは、嗜好品であり、消耗品です。実はこのビール作りに近年、**障害者就労**の新たな場としてのチャンスを見出す事業所がいくつかみられます。例えば京都にある「西陣麦酒」。知的障害者の就労支援等を行うNPO法人HEROESが醸造・販売に携わっています。**就労継続支援**B型などで行われている障害者の作業内容は木工製品やアクセサリー作り、パンやお菓子、野菜作りがいまだに主流です。しかし耐久消費財は頻繁に売れるものではなく、パンなどの消耗品も、福祉事業所以外の専門店ですら飽和状態。そのような中、新たな活路としてビール作りというのは、醸造工程だけでなくラベル貼り、発送作業など実はさまざまな仕事内容があり、知的障害者や発達障害者の得意を活かせるのです。**農福連携**と言われる中、そのうちホップ作りを請け負う事業所も出てくるでしょう。すでに、千葉にあるNPO法人ジョブファームでは、知的障害のある利用者が酒米を栽培しており日本酒づくりに携わっています。なお、障害者がお酒づくりに関わった先駆けは、栃木県にある指定障害者支援施設こころみ学園が1980年代より生産しているワインだと私は記憶しています。このような地域に根ざした新ジャンルでの取り組みの進展に大いに期待していますし、何よりひとりのビール好きとして大感謝です！

## 飲酒は権利

「お酒は20歳になってから」。これは遵守すべきルールであると同時に、権利でもあります。しかし、私の関わりがある知的障害成人をもつ保護者の中には、障害当事者に飲酒を認めているというケースは実はそう多くなく、飲酒を伴う会食を経験させることを避けているという家庭も少なくありません。

私が監修し学生が企画実施している成人の発達障害者の**余暇サークル**では、必ずビアガーデンに行く企画を入れるほか、温泉旅行、テントキャンプ、忘年会など飲酒の機会をできるだけ設けるようにしています（2020年度からはコロナ禍でまったく活動できませんでしたが…）。それに参加するかしないか、そこで飲むか飲まないか、どれぐらい飲むかは、本人の障害特性や服薬状況、本人や家族の思いなどを考慮して、見守ったりサポートをしたりしています。時には、乾杯の仕方や、お酒の種類、度数の理解などについて、自作の視覚的な教材で教えることもあります。家でも学校でも教えませんからね。

「お酒は、ほどほどに。」と言うのは簡単ですが、彼らが「適量」という曖昧なことを理解し実行することは簡単なことではありません。しかし20歳以上の知的障害のある成人がお酒を飲むことも、当然の権利なのです。むしろ隠れて飲酒をしたり、本人がアルコールに関することを適切に知らなかったがゆえに問題が生じることこそが問題だと思います。

いわゆる「**健常者**」と言われる人からみたらこうした普通のことが、本人の障害特性によってだけでなく、社会側の無知や無関心、無理解により制限されていること（これが**社会的障壁**です）は、実は飲酒以外にも少なくないのです。**就労**、

**高等教育**や**生涯学習**、**自動車運転免許**取得、**選挙**など、挙げればキリがありません。これらの課題（問題ではなく）は、当事者とその家族だけが努力したり我慢したりすることでは決してなく、医療、福祉、教育、就労、その他社会全体が、障害を含めた多様性（ダイバーシティ）を包摂する**インクルーシブ社会**へと変わっていかなければ解決できません。**シティズンシップ教育**の必要性と重要性が問われています。

このコロナ禍にあって開催が危ぶまれていましたが、２０２１年にわが国でのパラリンピック開催がされた際には、障害のある人たちも当然ながらＩＰＡを片手に盛り上がる、そんな「**あたりまえへのアクセス**」がかなって欲しいと思ってテレビを観ていました。

**調べてみよう**
**考えてみよう**
**やってみよう**

1. 障害者の就労には、一般就労と福祉的就労に分かれます。それぞれについて自分でも調べてみましょう。
2. 「農福連携」について、国内外の取り組みを調べてみましょう。
3. もしあなたに知的障害のある友人がいたとして、「お酒を飲みに行きたい」と言われたら、あなたはどうしますか？考えてみてください。

第5講義

カラオケ×障害

# 好きこそものの上手なれ

## ASD者の感覚過敏

先日、高校に通う、ASDのあるTくんと話をしました。運動会の打ち上げに、高校の友達3人と**カラオケ**に行ったそうな。「え、カラオケですか?! しかも友達と?!」と、思わず聞き返しちゃいました。

彼は幼児の時から継続的に、親子の発達相談や主宰する親子サークルで関わってきました。また母親と一緒に、幼稚園から小学校に上がるときに、**サポートブック**（第9講義参照）を作成するお手伝いをさせていただいたこともあり、彼の幼少期のことはよく知っています。Tくんはいろいろな**感覚過敏**があって、私も見に行った幼稚園の運動会でも、年少の時はずっと耳をふさいでグラウンドをフラフラしていた記憶があります。またお母さんからは、生活発表会でも遊戯室に隠れて床に寝そべり何も披露できなかったと当時は涙ながらに話をされていたのを覚えています。音楽や観客のいるザワザワなどが耐えられなかったのかもしれません。また親戚の集まりでカラオケに行ったら、その部屋には居られなくて出て行って迷子になったそうです。その後、小学生になった時に、私も専門家の悪い癖で、Tくんに「最近は、いろいろな音が嫌じゃないの？」と聞いたら、「これをかぶるから少しはマシ」と服についているフードを指さしてくれました。以来、私の研修会ではよく音の感覚過敏への対処法の一例として「フード付きの服」を話題に挙げてさせていただいています。Tくんに謝礼が必要ですね。

## 思ったことは正直に

彼の感覚過敏についてはもう一つ忘れられないエピソードがあります。小学校高学年ごろに、学校の授業の一環で、高齢者施設に見学に行った時、施設独特の匂いに耐えきれず、「臭い」と絶叫して出てきてしまいました。ただ、その言葉がその場にいた人たちにどのようにとらえられるか、という他者視点に立ったふるまいが難しいのもやはり特性。その時、先生がどのように対応されたのかは聞きそびれましたが、これもＡＳＤのある人「あるある」です。

そんなＴくんが、カラオケ、しかもそこで97点を取った、というので二度たまげました。彼はコンスタントに90点以上を出すそうですが、カラオケで97点を取れる人はなかなかいません。ちなみに何を歌うの？と聞くと、「また逢う日まで」(尾崎紀世彦、1971)。「え？君は18歳だよね？」とまたまたびっくり。Tくんいわく、流行りももちろん歌うけど、点が取りやすい曲をあえてチョイスするらしい。そして、自分はロングトーンが多いとビブラートで加点がされるのが得意だし、A社のカラオケマシンの方がB社よりも自分には相性が良いし、何より曲ごとに設定されている音程を機械のようになぞりきることが

高得点をとる秘訣だといったことを語りました。これが、Tくんのカラオケの楽しみ方。最近ではアコースティックギターを買ってもらい家でも弾き語りをしていて、バンドも組みたいそうです。音楽は、今とこの先、生涯にわたる余暇となるでしょう。好きこそものの上手なれとはよく言ったもので、聴覚の過敏の困難も、好きなもので自ら克服してしまうわけですから、「障害」をステレオタイプで見ることの危険性を教えてくれる好事例です。

## カラオケのバリアフリー

成人の**余暇サークル**では、毎年一回はやりたいこととしてカラオケが必ず挙がります。メンバーに感覚過敏の人が少なくないのですが、それ以上に、彼らは、集まる機会を楽しみにしているようです。私もこの会でのカラオケは慣れたもので、事前に必ず4つの部屋を予約します。なぜなら、アニメソングの部屋、ジャニーズアイドルの部屋、女性アイドルの部屋、そして「六甲おろし」「鉄道唱歌」などいわゆる唱歌の部屋とにだいたい分かれるからです。そこでは他者の歌を聞いて拍手したり、一緒に歌ったりということはあまりせず、自分の好きな歌を歌うことで満足されます。また私のゼミの学生たちと話をすることを楽しみに来られる人もいます。ドリンクバーでオリジナルドリンクを作って飲むことを楽しんでおられる人もいます。そこでの楽しみ方は人それぞれですので、何かしら一般的なカラオケの作法を強要するものではないと思います。

**調べてみよう**
**考えてみよう**
**やってみよう**

1. あなたの趣味や余暇の分野において、障害のある人も参加できているかどうか、考えてみましょう。
2. 趣味や余暇の分野におけるバリアフリーやユニバーサルデザインのモノ・コト・サービスについて調べてみましょう。

第6講義

保育×障害

# 発達を支えるインクルーシブ保育

## 「保母」志望だった学生時代

大学教員は、研究、教育、社会活動という3つで業績評価されます。コロナ禍で2020年度は、社会活動である研修会や講演会といった類の仕事がめっきり減りました。そんな中、対面で講演会をした最初のものは7月に万全の対策をした中で、200人規模の保育者を対象とした障害児保育の研修会でした。私は、保育者養成や保育者研修などの保育に関わる仕事は特に大事と思ってこれまでも引き受けてきているのですが、それには理由があります。

私が学生のとき、人に誇れるほど熱心に大学で勉強したとは言えません。夜はバイトと麻雀、そしてドライブなど、日々しっかりと遊んでいました。ただし日中は、実は1年生から3年生ぐらいまでは、ほとんど毎日、自分の出身の保育所で、いわゆる「ボランティア」として朝から晩までいました。いわゆる、としたのは、自分ではこれは学びであり楽しみ(責任感は当然あります）でもあったからです。保育所の先生や保護者からしたら多分熱心なボランティア学生に映ったことでしょう。なんせ朝は7時前から来て砂場の砂を掘り返し日光消毒をするところから始まり、日中は年中から年長の子どもたちと園庭で泥だらけになって遊びまくり、給食のあとは午睡をさせ、夜は19時まで延長保育の子どもたちと絵本を読んだりして過ごしました。当時その園は布おむつ保育だったのですが、その時に、自分の3人の子どもに行った回数以上、おむつ交換と洗濯をしたことは間違いありません。

さて、自分でもすっかりそのまま保育士（当時の法律上の名称はまだ「保母」）になるものだと思っていた大学4年生の春、当時の園長先生にその夢はあっさりと却下されました。「あなたが一生独身ならいいけど、男性が保母になっても、保母の給料では家族を養ってはいけないから」。今さらそんなこと言われても、と、周りの同級生が教員採用試験への準備をしていく中、途方に暮れました。そして、漠然とですが、もっと「幼児期の子どものこと」「障害のこと」を勉強したいという思いから、大学院を志ざし、勉強を始めて、なんとか院試に合格することができました。そこから、子どもの発達と障害を専門とするアカデミックな道を進むことになります。

## ミレニアム前後の障害児教育・保育

私は1998年に岡山大学教育学部養護学校教員養成課程という障害児教育を専門とする専攻を卒業したわけですが、その当時はまだ、**インクルージョン**という言葉はなく、**統合保育**と言われていました。よく統合（**インテグレーション**）とインクルージョンはどう違うのか、と聞かれますが、前者は違うものを一緒にすること（例えば障害児と健常児）、後者は一人一人がもともと違うものという前提に立ってそれを包括的に扱うということに違いがあります。自分が出入りしていた保育所にも、ダウン症のある子や、今で言うASDのある子が在籍していました。障害児の受け入れは、当時でも熱心な方だったのではないかと思います。しかし、子どもの個々の特性に配慮した支援はあまりできておらず、嫌がって泣いていても保育士が抱きかかえて無理矢理にでもお集まりに参加させるか、もしくはASDだからひとり片隅で遊んでいても配慮はしない、というような、障害児と**定型発達児**とが時と場所をともにするだけの統合保育でした。この経験に、今に通じる、**ダンピング**ではなく、きちんと発達を支える**インクルーシブ保育**のあり方を検討したいという根源的な動機があります。

また大学卒業時（1998年）に、当時の障害児心理学のY教授の言われたことは忘れられません。「今は**特殊教育**の対象としている障害は6つだけど、これからは新しく**学習障害**（Learning Disabilites：**LD**）という障害が重要になるよ」ということ。

6つとは、精神薄弱（現知的障害）、肢体不自由、病弱、視覚障害、聴覚障害、情緒障害です。そして当時Y教授が言われた学習障害とは、現在のLDも含めた広く「発達障害」のことを意味していたと思われます。当時は、言語性LD、非言語性LDなどという分類がよく用いられていましたが、後者は今で言えばいわゆるASDのことでした。すでに定年退官されて久しいY教授の予言はまさに大当たりしました。というか、発達障害への着目が、世界の潮流に日本が20年遅れていただけなのですけどね。

2000年4月に広島大学大学院教育学研究科博士課程前期「幼年期総合科学専攻」というところに進学しました。自分は「教育」という限定的な対象ではなく、幼年期（乳幼児から小学校低学年程度）の子どもを対象とした総合的な研究がしたいと思ったゆえの選択でした。こんなユニークな専攻は日本全国見ても、ここにしかありませんでした。ここでは、保育や教育は扱う分野の一つにすぎず、心理や保健・医療、その他関連する分野の学際的な知であるまさに「幼年期総合科学」の創造と発信機関でした。ここでさらに幸運なことに障害児の発達や家族支援を専門とするN教授のもとで臨床と研究をさせていただき、研究者としての道をスタートさせました。

## 当時の保育の現場での無理解

当時、岡山大学Y教授の予言通り、（当時で言う）学習障害は徐々に新聞などで取り上げられ、広島のさまざまな保育園・幼稚園からも、「うちに在籍する子が学習障害っぽいから見にきてアドバイスして欲しい」という依頼が広島大学N教授のところにもたくさん来るようになり、その訪問に私も陪席させていただきました。

ある保育園でのこと。そこは県内でも有名な○○メソッドを取り入れた園です。園長先生が、自閉症の子どもがきちんと座って熱心に課題に取り組む様子を一通り見せてくれた後、「うちは○○をしているのでご覧のように障害児でも座っていられます」と自慢そうにお話しされました。しかしそれに続く「でもねえ、増えているのよね自閉症。自閉症は育て方のせいでなるでしょ。最近の母親は…（以下略）。」に、20代前半の若かった私は、おそらくそこにいる誰が見ても怒り心頭に発していたとわかったのではないかと思います。でも隣のN教授はそんな私

を諌めつつ、今述べられた自閉症（ＡＳＤ）に対する理解は誤りであること、そしてきちんと正しいことを園長先生にていねいにお話しされていました。

今、ちょうどその頃のＮ教授の年齢ぐらいになった私は、このエピソードを思い出すにつれ、深い**障害観**と正しい専門知をもつ保育者や教員の養成を通じて**インクルーシブ社会**の実現を目指すことの使命とやりがいとを改めて感じるのです。

**調べてみよう
考えてみよう
やってみよう**

**1.** ＡＳＤは先天的な脳機能の障害です。親の育て方や養育環境が原因ではありません。しかし対人援助の専門家ですらも誤った理解がなされていた時代があり、親は責め苦を負わされていました。このことから対人援助職に求められる資質や専門性とはどのようなことか、考えてみましょう。

**2.** 保育士の他にも社会の認識の変化とともに名称が変更された職業はいろいろとあります。それについて名称変更の理由を調べてみましょう。また現在ある職業で、妥当ではない名称と考えられるものがないか考えてみましょう。

第7講義

アカデミー賞×障害

# 必見！障害者ドキュメンタリー2作

## 障害当事者運動の源泉を知る

私はテレビや動画コンテンツを見るのが正直苦手です。再生中はずっと集中していないと登場人物や伏線が把握できませんし、大事なポイントを見逃してしまうことを心配し過ぎてつらくなるのです。勉強をしながら「推し」の動画を見れる中学生の娘にいつも感嘆します。

そんな私でも、2021年の第93回アカデミー賞で長編ドキュメンタリー映画賞にノミネートされていた「ハンディキャップ・キャンプ─障がい者運動の夜明け─」は、ネットフリックスにて鑑賞しました。この映画、オバマ元米国大統領夫妻が製作総指揮を務めたことでも話題になりましたが、特別支援教育を専門とする私にとっては、格別な思いを抱かせてくれる作品でした。

アメリカ合衆国では、人種差別を禁ずる法律として1964年に**公民権法**（Civil Rights Act of 1964）が制定されますが、この対象に障害者が含まれていなかったこともあり、障害者運動が1970～80年代にかけて起こります。1973年の**リハビリテーション法**（Rehabilitation Act）における障害者差別を禁じた504条や、そのあとに続く障害者の権利法としての**アメリカ障害者法**（Americans with Disabilities Act of 1990：ADA）制定への歴史的展開と、そこに「当事者運動」が大きく影響したことは、ミレニアム前後の大学院修士課程のときに、アメリカの**インクルーシブ教育**について研究していた私にはそらんじられるぐらい常識的な事項です。

しかし、この映画にあった「ジェネドキャンプ」での障害のある人たちの集いが、当事者運動の源泉としてあったことまでは知らず、アメリカの障害者の歴史について、リアルな背景を踏まえた上、あらためて理解することができたことは感激でした。

今私たちが使っているパソコンやスマートフォンに、障害者だけでなく誰にとっても便利なさまざまな**アクセシビリティ**機能が標準搭載されているのも、実は ADA の恩恵であり、人権闘争の成果なのです。

## インクルーシブ教育の成功例

1992年の第65回アカデミー賞で短編ドキュメンタリー映画賞を受賞したのは、「Educating Peter」でした。ダウン症のあるピーターが、小学3年生の通常学級に転籍してきた1年間を描いた作品です。ユーチューブで見ることができます。

担任教師からもクラスメートからも、行動問題ばかり起こす面倒な子と目されていたピーター。あるクラスメートは、「なぜ僕たちの教室に来たんだろう？　彼はここで学ぶことなんてないよ」と素直に、かつ辛辣にコメントします。

でも、ピーターは次第にクラスに適応し、学習面でも成長を見せて、できることが増えていきます。1年後の終業式では右のクラスメートがピーターのことを「親友」と表現しています。そして「ピーターは変わった。それは私たちも変わったから」と言っています。このように、障害のある子の成長だけでなく、クラスメートや担任教師、保護者たちのポジティブな変容といったインクルーシブ教育がもたらすメリットを、この作品は見る者に強く印象付けます。

アメリカでは1975年に、**全障害児教育法**（Education for All Handicapped Children Act of 1975）が制定され、そこには「3歳から21歳の全ての子どもが、無償で適切な公教育を受ける権利を有する（free appropriate public education：FAPE）」と明記されました。そして障害児が「最も制約の少ない環境（least restrictive environment：LRE）」で教育を受けられるようにすること、また子どもに必要な教育、並びに関連サービスが、個別教育プログラム（Individualized education program：IEP）に沿ってなされることを公立学校に義務付けました。LREの原則は今で言うインクルーシブ教育ではなく、あくまで通常学級から特別支援学校や病院・施設までの教育サービスの連続体を保障するものという性格であったにもかかわらず、インクルーシブ教育への急進派は通常教育主導主義（regular education initiative：REI）として、90年代にインクルーシブ教育論争を巻き起こします。「Educating Peter」は、社会に対するそのような流れの中、プロパガンダとして大きく機能しました。

ただし、この作品に対しては、教師の団体や障害当事者の団体の一部から批判の声が上がりました。あまりにもサクセスストーリーに描かれ過ぎていること。これを見た人が、どんな障害児であっても十把一絡げにインクルーシブな環境下で教育すべきだと考えてしまいかねないこと。クラス内外でのさまざまな人的・環境的支援があってこの成功があることが、フィルムには十分かつ適切に描かれていないこと――こうした冷静な批評があったことは、一般的にはあまり知られていません。

2022年8月に、スイス・ジュネーブの国連欧州本部で、日本政府は**障害者権利条約**に関する初めての審査を受けました。これは2006年に国連が採択し、2014年に日本も批准をした、障害のある人の権利を保障するための国際条約です。この条約の第24条「教育」に示す「インクルーシブ教育」がわが国では推進されていないとしてその是正勧告が出されました。ご存知のように、わが国は特別支援学校、特別支援学級といった通常教育とは別の教育の場を設け、特別なニーズに応じて多様な教育の場を活用した教育を行う特別支援教育を推進しています。諸外国を見れば、障害児のための特別な学校を廃止するところもある中、法的拘束力はないとはいえ今回の勧告にわが国が今後どのように対応していくのかが問われています。

## 支援の原理的側面が学ばれていない

いずれにしても、この2作のドキュメンタリー映画が、障害児・者の教育や福祉などに携わる方に、ぜひとも見ていただきたい作品であることは間違いないでしょう。

実は、わが国が定める特別支援学校教諭免許のカリキュラムにおいて、制度、歴史、哲学、諸

## 必見！障害者ドキュメンタリー2作

外国の動向といった教育原理に関する教授内容は、私の学生時代と比べて現在はかなり削減され、免許法上では最低2単位しか、要件として定められていません。その分、発達障害への対応や通常学校における特別支援教育の内容など、教員になる上で学ぶべきことが増加、多様化したこともありますが、一度現場に出てしまうと触れることが難しい、こうした原理的側面こそ、きちんと学んだ上で教員になってほしいと思うのです。

ところで、「ハンディキャップ・キャンプ」は実は邦題。原題はCrip Campです（crip は cripple の省略形で、手足の不自由な人のことを指すスラング）。従来、全然違う邦題で公開されることは珍しくありませんが、私としては、人権運動の史的資料として原題のまま紹介してほしかったところです。

フルチェンジした邦題にも好事例はあります。私の好きなフランス映画『最強のふたり』は、頸髄損傷で身体が不自由な大富豪と、その介護人になった貧しい若者との交流を圧倒的に楽しく描いた映画。原題は Intouchables（フランス語で「触れるはずのない人」の意）ですが、これはこのままだとさすがに分かりにくいでしょうね。

調べてみよう
考えてみよう
やってみよう

1. 障害者権利条約の第24条について、英語の原文と日本政府の示す邦訳とを読み比べて、この条約でねらいとするインクルーシブ教育とはどのようなことなのか考えてみましょう。

2. 諸外国のインクルーシブ教育政策について調べてみましょう。

3. 国連の示した是正勧告を踏まえ、今後日本はどのようなインクルーシブ教育ができるか、グループで話し合ってみましょう。

4. ここで紹介した3つの映画を観賞し、感想を話し合ってみましょう。また これ以外に障害を取り扱った映画やドラマ、小説やアニメなどについても、紹介し合ってみましょう。

第8講義

漢字×障害

# 複雑怪奇な日本語ならではのこと

## 漢字は便利か不便か

日本語は英語に比べて透明性の高い言語と言われます。それはひらがなだけ見れば原則、一音一表記のため、「a」という綴りが、いく通りもの音を持つ英語にあるような、読み書き上の困難さを来し難いからです。したがって**LD**の出現率は、英語圏（10％）と日本（約5％、ひらがなに限れば0・2％）とで大きく異なります。とはいえ実際には、私たちはひらがな、カタカナ、そして漢字といったたぶん外国人から見れば複雑怪奇なものを、実に巧みに使いこなしています。したがって、**ライフステージ**や**生活の文脈**によって、同じLDという診断がある人でも、生きづらさは異なってくるのです。

漢字を用いるからこそ意味が通じるというプラスの側面もあります。「星座」と「正座」は音は同じですから、漢字で書いてある方が意味が取れて助かります。ただし実際には漢字テストでもない限りは、それらの語句も文脈に依存して使用しますので、「書初め大会で〝せいざ〟した」と言われれば、それは「正座」以外を思い浮かべることはないでしょう。

では、こんなケースに遭遇したらあなたならどうしますか?あるASDのある小学生男児が私に、「『もり』は『森』で許せるけど、なんで『みる』は『見る』なんけ?」(富山弁)と怒って噛み付いてきました。おそらくみなさんは「みる」には「見る」「観る」「診る」「視る」などさまざまにそれを使う文脈に応じて適合する語彙があるからそれを用いるのですよ、というようなことを、小学生にわかるように咀嚼して伝えるでしょう。事実私もそうしました。そうしたら違ってたんですよね、彼の怒りポイントは。

彼いわく、「もり」が「森」となるのは二文字が一文字になるから「変換効率が良い」。対して「みる」は「見る」であろうが「観る」であろうが一文字を画数の多い一文字に置き換えているだけで「めんどくさい」のだそう。それを聞いて、彼の**こだわり**には「なるほど」と一定の理解を示しつつ、大人げなく「でもその論理なら、「もり」は5画で済むけど「森」だと12画でもっとめんどくさいじゃん」となどと張り合って

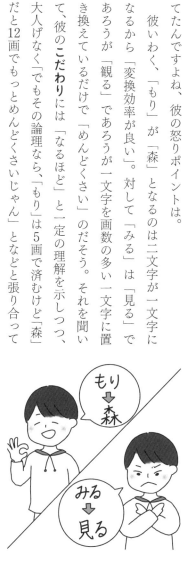

しまいました。ちなみに、私の友人の成人発達障害者は、「遺伝子」と「道産子」を読み間違えてしまうとのこと。これはなんとなく納得できますね。

## 誰でも助かる記憶方略

私たちは、文字を読むときに、例えば「りんご」という表象を見て、形態処理（「り」という文字の形を認識する）、音韻処理（「り＝ri」と一文字に対して一音を充てる）、そしてそれらの並びから自分の持っている心内辞書（レキシコン）と照合して、「「り／ん／ご（ri/n/go）」は、「あの甘くて赤い果物の「りんご」だな」」という意味処理をしているわけです。しかもそれをほぼ自動化して。ですが、生得的に脳機能におけるそれらの処理過程の一部もしくは全部に困難さがあると、現代社会では、読み書きの困難として**学習**や生活の文脈の中での生きづらさにつながりやすいわけです。

私が学齢期のＬＤなどの発達障害のある子どもの学習に関するアドバイスをする時には、よく記憶方略を意識したコツを教えることがあります。たとえば、先ほどの「森」であれば、「木がめっちゃあるところ、だから『森』、『林』は『森』ほど木が多くないよ」、「『親』は木の上に立って見守っているんだよ」とか、「『鰯』は、魚の中でも弱りやすい（流れがないと生きられないし、陸にあげると傷みが早い）し、『鯖』は青いんだよ」などなど。今では、こうしたイメージを活用した漢字学習のための特別支援教育のカード教材も市販されています。

私自身もこうした記憶方略をこれまでも使ってきたのだと思います。「いい国作ろう鎌倉幕府」と言って「1192」年を開幕年として覚えた人や、√5が2・2360679…であることを「富士山麓オウム鳴く」と覚えた人も私と同世代には多いのではないでしょうか（ちなみに現在の教科書では鎌倉幕府が開かれたのは1185年になっていて驚きました！）。こうした身近なことへの置き換えや語呂合わせは、「チャンク化」や「精緻化リハーサル」といった、実は心理学においてエビデンスのある立派な記憶方略なのです。

私はそれに加えて、公認心理師ということもあり、「鬱」という漢字を書面に手書きしなければならないことも時々あるわけですが、この漢字については**嘉門達夫**の同名の曲で覚えました。歌詞は著作権を伴うため転載できないので、ぜひググってみて欲しいのですが、この力ワザには思わず脱力します（笑）。そういえば、今は市町村合併などでそのまま使えませんが、当時は**森高千里**の「ロックンロール県庁所在地」にお世話になったなぁと思いましたが、この原稿を書くにあたって調べてみたら、なんとご本人が登場している2015年バージョンがユーチューブにあってびっくり。そして森高は今見ても変わらない！

## 「障害」と「障がい」、どっちがいいの？

本書で用いている「障害」という語の表記について触れておきましょう。障害者の施策の親法にあたる**障害者基本法**では、障害者を「身体障害、知的障害、精神障害（発達障害を含む）その他の心身の機能の障害（以下「障害」と総称する）がある者であって、障害及び**社会的障壁**により継続的に日常生活又は社会生活に相当な制限を受ける状態にあるものをいう」と定義します。法改正でここの表記が変わるとき、国や自治体の表記もすべて変わることでしょう。

一方で「害」という漢字そのものや「公害」「害虫」といったネガティブな用例からのイメージを忌避して、近年ではひらがなで「**障がい**」と表記されることも増えてきています。政府も「障害」をどのように表記するか検討をしていますが、現状では個人、自治体、企業それぞれの考えのもと表記されています。

「障害」「障がい」「障碍」等の表記をめぐる議論は今日、ネット上で山ほど見ることができますのでここでは割愛します。ただし、たとえば自社のＨＰに「障がい」と表記する企業が、必ずしも障害者雇用の**法定雇用率**を達成しているわけではありません。また障害当事者団体である**東京青い芝の会**、**特定非営利活動法人ＤＰＩ日本会議**はひらがな表記に対しても批判的な見解を示します。

大事なことは、表記そのものではなく、その使い手それぞれの正しい科学的認識と障害のある人たちとの豊かな交流経験に基づいて醸成された「**障害観**」そしてそれに伴う**心理的バリア**の除去であると思います。単なる言葉狩りではなく、真の意味での**インクルージョン**の推進のため、「障害」という語に限らず、自分が用いる言葉には**こだわり**をもつことが重要です。

**調べてみよう**
**考えてみよう**
**やってみよう**

1. 障害者基本法における「障害者」の定義は、これまでに何度か改正されてきています。それらを調べ、改正の理由や社会的背景を整理しましょう。
2. 「障害」「障がい」等の用語をめぐる議論について調べてみましょう。その上で自分はどうするか、考えてみましょう。
3. 記憶や学習など、「教育心理学」や「発達心理学」で扱う内容が、障害のある子どもの理解や支援にどのように活かせるのか考えてみましょう。
4. アメリカ合衆国におけるLDの定義、支援対象とする範囲、教育の場について、日本と比較しながら調べてみましょう。

第9講義

カレー×障害

# そのカレーのあり方が絶対ですか？

## 味じゃないのよ、盛り付けなのよ

先日、6年間の日本での留学生活を終え、母国マレーシアに帰るという知人と食事をしました。彼は、専攻する学問分野は、特別支援教育とはまったく関係なかったのですが、彼にはASDのある親戚がいることもあって、私が監修する発達障害者の**余暇サークル**にボランティアとして来てくれていたのです。

外国人とのお別れには和食と思うかもしれませんが、ここはあえて彼の富山での普段使いとしてよく行っていた店を逆指名してもらいました。富山にはマレーシア料理店はないので、インドカレー専門店に行くことになりました。私は初めての店でワクワクです。

この話はちょっとおいといて——。

カレーといえば、子どもの好きなメニューのトップ3に入るのではないでしょうか。しかし、こうした嗜好のマジョリティの中においても、**多様性（ダイバーシティ）**は尊重されるべきことです。

保育園に通うＡＳＤのある男の子のＡくん。**偏食**があります。好きな食べ物は豆腐（ただし絹ごしに限る）、嫌いな食べ物は納豆というアンビバレンス。そして同じく嫌いなものがなんとカレーでした。でも保育園の給食でも家庭でもやはりレギュラーメニューとしてカレーはルーチンで出てきます。彼は、お皿の半分に白いご飯が見え、そこに半分隠すようにカレーがかかっているのが実はどうしても認めがたいという**こだわり**があり、完全に均等に混ざるまでぐちゃぐちゃとスプーンでかき混ぜるという儀式をしてからようやく食べはじめます。

これが自分流カレー攻略法なのだと、年長になって自分の言葉で教えてくれるまで、家族をはじめ、周囲の大人はみんな、彼が味覚への**感覚過敏**があって極度に辛さを感じるから嫌いなのかな、と勘違いしていたそうです。そしてそれまでは、食べるのが嫌だから混ぜて遊んでいるのだと邪推し、叱るか取り上げていたのです。そしてそんな時、たいてい大人は「『行儀』が悪いでしょ」などと、文字化すると現代人にはもはやなんの

意味かわからない脅し口調の**しつけ言葉**を乱発するのですから困ったものです。自戒を込めて。

写真は、彼が小学校に入学する際に私の支援のもと母親が作った**サポートブック**（本人に関する特性、強みや苦手、興味関心、接し方、支援方法などさまざまな情報を家族などがまとめた手作りの冊子で、支援者などに見て理解してもらうことを目的としたもの）の記述の一部です。このケースでは、「こだわり」であって、味覚への過敏性ではないのです。このケースでは！

**こだわりや癖**

**○視覚的に色がしっかりついていないと気がすまない**

（特に食事に関して、カレーはしっかり混ぜて平らにする、ふりかけは白ご飯が隠れるほどしっかり、醤油もたっぷりかけます。）→あらかじめこれだけと提示して伝える。

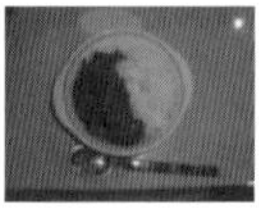

→

まぜまぜ、ペタペタ

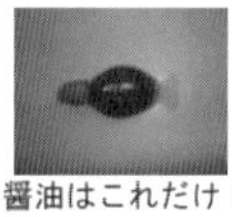

醤油はこれだけ！

## 「やさしい世界」で大好物となる

以前、心理相談を受けていた、40代のASDのある方のカレーにまつわるエピソードもなかなかです。彼は理系の大学院で博士号を取得するほどの俊才ですが、障害のあることを**オープン**にして務めた会社はいじめに遭い離職、**クローズ**にして務めた会社は理系の才能を発揮し昇進して部下をつけられたもののそこで人間関係がうまくいかず離職しました。今は**障害者差別解消法**のもと、オープンにして、自分に合う仕事の切り出しをしてもらう**合理的配慮**を受けて**適応的な社会生活**をしています。そんな彼と、とある別のインドカレーの店に行った時、彼はその店の最上級の辛さである「10辛」のさらに上に位置する「インド辛」をオーダーし、それを平然と食べていました。私はというと辛いのは苦手ではないけど10段階中の下から3番目の「3辛」、それでも汗を流してヒーヒーと、その時はやっとこさ食べきりました。

彼にカレーは好物なのかと聞くと、実は幼少期は味覚の感覚過敏で少しでも辛いのがダメで、カレーは大嫌いで食べられなかったとのこと。しかし、大人になってみて趣味の海外旅行先で現地人に勧められて、いやいや食べてみたら美味しく、それ以来大好物になったそうです。ちなみに、コミュニケーションが苦手な彼が何故に海外旅行が趣味なの?と尋ねると、別に英語が人一倍得意なわけでもなく、そもそも英語圏以外の国に旅行することが多いのですが（しかもかなり危険と認識されている国が多い!）、そこでは、ＡＳＤであろうがなかろうがお互いがディス・コミュニケーション状況であり、身振り手振りも交えてわかりあうために自然にやさしい世界が展開するので、実はそれほど困ることはないのだ、ということです。この話は、多様性（ダイバーシティ）に寛容とは言い難い民族性が**社会的障壁**を作り出しているとも言われる日本において**インクルーシブ社会**のあり方を考えるにおいてとても示唆的です。

## インドカレー専門店で唐揚げを食す

さて、マレーシア人の彼のアドバイスを受けながらオススメのカレーを選んでもらい、チーズナンを浸して食べると、これがとてもとても美味しかったです。で、そんな彼は何を頼んだかというと唐揚げ定食(笑)。インド人の店主が作るれっきとしたメイド・イン・ジャパン仕様のサクッとジューシーな唐揚げ。聞けばマレーシアにこの味はなく、そして日本での生活でとてもハマったのだそう。インドカレー専門店で、私のトイメンに座して、箸を使って、大振りの唐揚げを豪快に口に放り込む彼の姿を、きっと忘れないでしょう。

私たちは、障害者に、高齢者に、外国人に、男性や女性に、妻や夫に、そうあって欲しいという勝手な思い込みをもっているところがあるかもしれません。社会心理学ではこれを「**役割期待**」といいます。子どものしつけと称して得体の知れない「行儀の良さ」を押し付けることも、博士号を持っているならリーダーシップを発揮して人一倍働けることを暗に求めることも、マレーシア人の彼に華麗にカレーを食べて欲しい（しつこい！）と願うことも、ネガティブに作用する役割期待であり、私たちはそのことで他者を知らないうちに傷つけてしまう可能性があることを、よく考えなければなりません。

カレーが織りなす、インクルーシブ社会実現へのヒント。この夜の送別会は、文字通りスパイシーな会食となりました。

**調べてみよう**
**考えてみよう**
**やってみよう**

1. 発達障害のある人が、自身の障害をオープンにして就労することと、クローズで就労することについて、メリットと課題の双方から考えてみましょう。
2. ジェンダーをはじめとする、ネガティブに作用する役割期待について、他にもどのようなことがあるか、身近なものごとから調べ、また解決策について考えてみましょう。
3. サポートブックについて、目的や用途に応じてどのようなものがあるのか調べてみましょう。また身近な障害のある方のご家族と一緒に、サポートブックを作成してみましょう。

第10講義

余暇×障害

# 心豊かな生活の文脈で支援を考える

## 余暇を制するものは暮らしも制す

私は仕事の一つとして、富山大学における**障害者雇用**に際し、採用から職場定着、そしてそれ以降も定期的な心理面談をしていました。入職時の面接では、「あなたは、お休みの日はどのようにして過ごしていますか?」「趣味や特技、最近ハマっていることを教えてください」ということを必ず聞くようにしていました。経験上、趣味や余暇がその人にとって充実している人は(その人の年齢から期待される一般的な余暇像からではなく)、職場適応がとても良いと感じます。また、私がこれまで視察などで話を聞いた障害者雇用の先進的な取り組みをする企業の人事担当者もたいてい同様のことを言っておられました。「**遊ぶ**(**余暇**)」を制するものは、「働く」「暮らす」を制すると言っても過言ではないでしょう。

特別支援学校の高等部の授業の一環で、「余暇支援」と称してとりあえず経験をさせるという目的で、ボウリングとカラオケに連れて行くことは少なくありません。これについて20年ほど前に、高等部のある先生に「なぜボウリングとカラオケなのですか？」と尋ねてみたことがありましたが、「毎年やっていることだし、とりあえずこの2つは経験させるべきじゃないですか」と言われ、私的には納得のいく合理的な回答ではなかったことをいまだに思い出します。「働く」「暮らす」はあれほど学校も保護者も関心を払い、実態把握と個に応じた指導や支援を行うのに、「遊ぶ」はそれに比して十分とは言い難い気がします。その結果、余暇についての理想自己と現実自己とのギャップに辛さを感じている発達障害のある成人を少なからずみてきました。[6]

## プラモデルにハマったUくん

余暇に対する本人の実態把握や希望・ニーズ、**環境因子**や**参加**の機会はどの程度把握されているでしょう。発達障害や知的障害のある子どもの遊びや余暇に対する支援では、特に障害特性や個人の嗜好（こだわりを含む）を大事にしつつ（これは重要）、かつその近接領域も提示してみることを試しても良いと思います。ただし、そこに人権の尊重が遵守されることは言わずもがなです。

第1講義でも取り上げた、私が大学での心理面談を行なっていたUくんは、言語表出はないものの、視覚的理解と記憶がとても優れていて、一度見たものを描画で再現するのに長けていました。彼は来談のたびに、自作のペーパークラフト（電車だったり、車だったり、シャンプーの容器だったり、テレビ本体とその中のＣＭ一場面の完全な描写だったり）を持参して私にくれます。

そんなＵくんが、知的障害特別支援学校高等部に在籍時のエピソードです。大人の**余暇サークル**に彼がたまたま体験に来た時、ちょうど「大人の**ガンダム**講座」の日で、午前中はガンダムのプラモデル（**ガンプラ**）作成教室、午後はガンダム名場面ディベート大会でした。その時、彼にもガンプラを作らせたら、とても素早くかつ器用に組み立てることができました。それを見た母親は「ガンダムなんて見たこともないので興味もないと思っていたし、プラモデルなんて到底できるはずないと思ってこれまで買ったこともありませんでした」と、たいそう驚かれました。

プラモデルを作ったことのある人からすればわかると思いますが、完成品の絵と作り方の手順が図できちんと示されているので、視覚的情報処理能力が高い人には難しいことではないのですね。私とすれば彼はきっとできると確信していたので（ただ「ガンダム」を好きかどうかは未知数でしたが）、

このエピソードをその時の高等部の先生にもお伝えしました。そうするとまたこの先生が素敵な方で、学校での余暇支援として学校でもプラモデル作成を認め、続けてくれました。そして卒業後、働いた給料で、今でもお城から車に至るまで様々なジャンルのプラモデルを買って作るという余暇になりました。

## 日常の自然な生活文脈の中で求められる生きる力―適応行動―

私が監修する発達障害・知的障害成人の余暇サークルで、ある時、彼らの希望で、出前ピザを注文してみんなで会食をしたことがあります。支払いに関しては「割り勘」をすることがメンバーから提案されたものの、割り勘そのものを知らないメンバーもいたり、全員が割り勘するために必要となるさまざまなスキルすべてをもっているわけではなかったりと、できることがバラバラでした。しかし時間はかかりはしたものの、それぞれのもっているスキルや知識をお互い出し合うことで、最終的に割り勘までして楽しく会食することができました。現実世界に用いるお金には少数点以下は存在しないため、四捨五入したり端数の処理をしたりする部分にのみ、大学生スタッフによる支援が必要でしたが[7]。

この活動からは、まず回顧的に見れば、算数科の内容が生活に生きる形で学びとすることが学校教育段階で充分に行われることの必要性が示唆されます。しかし、学校を終える前の高等部ともなれば、地域生活を送る彼らには、目的的に知識やスキルを身につけることだけではなく、余暇などの活動を楽しむ参加の機会がまず保障され、その上で個々の生活機能の状態に即して直接支援を行ったり、グループ全体に投げかける間接支援を行ったりすることが必要となります。また支援者は、家族や友人を含めたコミュニティメンバー内の補完作用を考慮し、メンバーたちだけでは補えない部分に関して「過不足なき支援」が求められます。こうすることで、当事者自身が主人公として、自主的・主体的に考えたり聞いたりする活動になるのです。

卒業を見据えた時、将来地域生活で必要となる**適応行動**・スキルの指導内容はある程度トップダウン的に精選され、それは得意な面（興味や認知スタイル）を活かした学習方法を考慮したものであるべきこと、さらに学習の底上げではなく苦手な面は代替手段（計算機、パソコン、スマートフォンなど）を適切に活用でき、しかもそれが実生活に活かせること（**般化**）が求められるでしょう。とは言え、基本的な漢字や自分の名前や住所などを正しい字でしっかりした筆圧で書くといった最低限の基礎的な学習はやはり生活上の理由から習得できていることが望ましいです。

したがって、読み書き計算を例にあげれば、目的的に行う「読み書き計算」の指導と、活動に埋め込まれた・**生活の文脈**の中にある「読み書き計算」の支援は、どちらかだけが大切なのではなく、その割合は本人のライフステージや発達レベルで異なってくると考えます。ある高次の適応行動の獲得を、基本的なスキルの積み上げの先に求めようとするには、残念ながら頭打ちの時期があります。その**臨界期・敏感期**の見極めと、以降の代替手段の設定と習得のあり方をどのように見定めていくかについては、もっと議論し検証されるべき課題ではないかと思います。

**調べてみよう
考えてみよう
やってみよう**

1. みなさんの「働く」「暮らす」「遊ぶ」が適切に保証されていなかったら、その生活はどうなるか考えてみましょう。その上で障害のある人の余暇の現状について調べてみましょう。
2. 適応行動の客観的評価ツールである「**日本版 Vineland-II 適応行動尺度**」の項目を確認し、現代のわが国において生活年齢から獲得が期待される適応行動とはどのようなものか、理解しましょう。
3. 自分や身近な人の余暇実態について、国際機能分類（ICF）の枠組みで捉えてみましょう。

6 高緑千苗・水内豊和（2016）高機能自閉スペクトラム症成人の余暇実態に関する研究．日本発達障害支援システム学会編 発達障害支援システム学研究，15（2），43‐49．
7 水内豊和（2010）余暇支援で豊かにする広汎性発達障害の人たちの生活世界―⑤「楽しみ」をベースとした発達障害者への余暇支援アプローチ．アスペハート，9（2），96‐100．

第11講義

粘土×障害

# 遊びは本来自由なこと

一般的に「遊び」とは、自由で、自発的、自己目的的であり、喜び・楽しさ・緊張感を伴う自己表現的活動であるとされています。特に幼児期において、遊びは子どもたちにとって生活そのものであり、子どもたちは遊びの世界に浸りきることによって、情緒的・知的な発達、あるいは社会性を涵養し、人間として、社会の一員として、より良く生きるための基礎を獲得していきます。

一方で、ASDなど発達障害のある子どもの遊びに目を転じてみると、「定型発達児の遊びと比べて貧困であり、遊ぶのが下手だとか、ASD児の遊びは非機能的で反復的なものばかりであり自発性や想像性があまり見られない、ごっこ遊びや関わり遊びなどのより高次の遊びの出現が遅い・見られない」などと低く評価されがちです。

そこで私は幼児期のASD児がどのような遊びに興味や関心があるのか、はたして定型発達児と比べて遊び方に特徴があるのかについて、11の遊び素材やおもちゃを取り上げ、それぞれについて遊びの様相を明らかにしました。[8] 今回はその中でも粘土について取り上げます。粘土といえば、保育現場において可塑性の高い遊び素材としてよく用いられます。また臨床の場でＡＳＤの子どもの中では触った感覚や匂いの問題からか、触るのを嫌がる子が割といることも特徴です。

調査対象は、富山県内の全幼稚園・保育所３８３園の3〜5歳児の各クラスを担任する保育者です。対象児の選定については各園3〜5歳児のＡＳＤ児、診断はないものの発達の「**ちょっと気になる子**」をそれぞれ1名ずつと、対とする同性・同月齢の定型発達児1名、総計１４２５名を対象としました。遊び方の項目は事前に１００名以上の保育者に対して、「粘土での遊び方をできるだけたくさんあげてください」という自由記述による予備調査から作成されました。その中には必ずいくつか、保育者にとって「想定外であった」遊び項目を含んでいます。たとえば粘土であれば「床に投げつける」「靴で踏みつける」「ブロックやマジックのキャップなどの中に詰める」などです。

16項目の粘土の遊び方については、まったくない（0点）・たまにする（1点）・よくする（2点）の3件法で回答してもらい、因子分析という統計解析により、「素材遊び」（丸める、ちぎる、こねる、型抜きをするなど計6項目）、「制作遊び」（顔を作る、恐竜など何かを見立てて作るの計2項目）、「想定外の遊び」（先述の通り計3項目）、「**こだわり**」（ずっと触っている、安定のために触るなど計2項目）の4つのまとまり（因子）に分かれました（3項目は因子にならないため除外）。

そして、因子ごとに、年齢（3・4・5歳）×対象児（ＡＳＤ児、ちょっと気になる子、定型発達児）による分散分析という統計解析を行った結果、各因子すべてにおいて、ＡＳＤ児ならびにちょっと気になる子と、定型発達児との間で平均得点に有意な差が認められました。

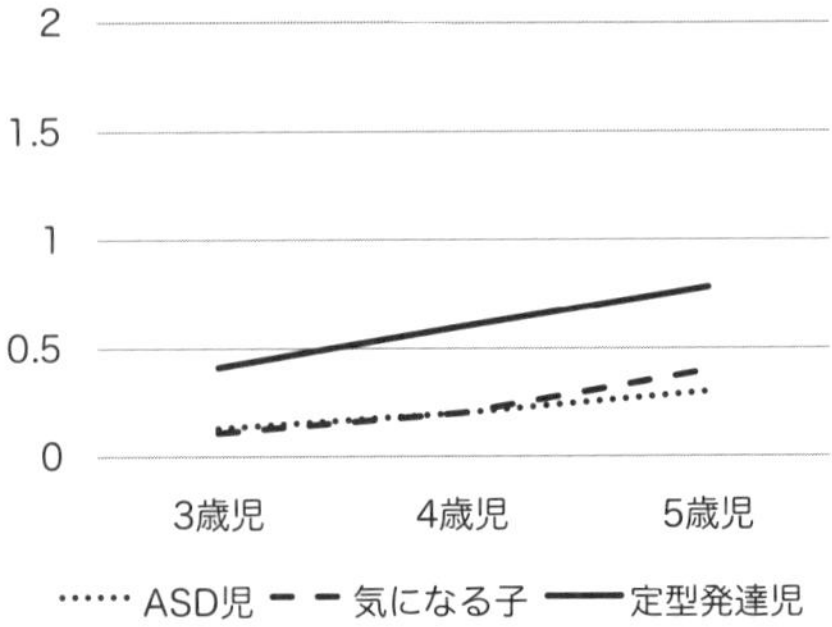


図1　制作遊び

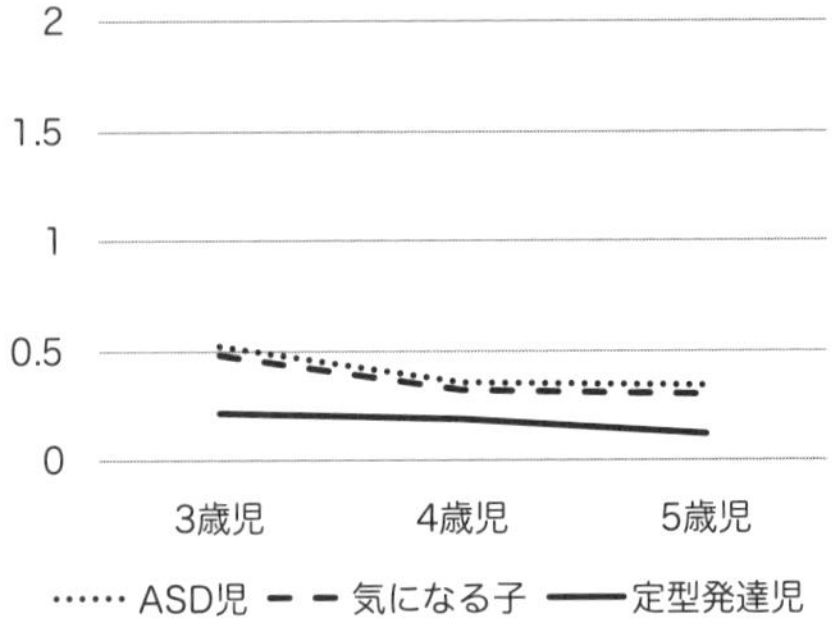


図2　こだわり

## 保育者にはちょっとつらいですが…

粘土という素材そのものの遊びである「素材遊び」の出現率は各年齢群ともに定型発達児が有意に高く、「制作遊び」の出現率は定型発達児が他の2群よりも有意に高く（図1）、どちらの遊びも年齢上昇とともに出現率も向上していました。

投げつける、踏みつけるといった項目を含んでいる「想定外の遊び」の出現率は各年齢群ともに定型発達児が有意に低く、「こだわり」としての粘土への執着の出現率は定型発達児が有意に低く（図2）、どちらの遊びも年齢上昇とともにその出現率も低減していました。そしてゆっくりとですが、ASDの子どもたちも「こだわり」「想定外の遊び」が減少し、「素材遊び」「制作遊び」に移行することがわかります。

この結果からは、保育者などの経験的な知見からすれば当然のことですが、加齢とともに「素材遊び」から「制作遊び」へと発達的に変化することが実証されました。

その上でASD児についてみると、「素材遊び」「制作遊び」など、いわゆる一般的とみなされる遊び方の出現率は、どの年齢群においても低かったのに対し、保育者からして「想定外の遊び」とみなされる遊びや、遊びの素材への執着を示す「こだわり」の出現率は定型発達児に比して高かったです。このことから、ASD児の遊びは同年齢の定型発達児の遊びと比べて、独特であることが示唆されました。

ただし、ASD児たちの中にも「想定外の遊び」や「こだわり」以外にも定型発達児と同じような遊び方をしている子どももいること、遅くはありますがASD児の遊びが加齢とともに定型発達児の遊びの様相に近づいていることも結果から示唆されました。

その上で、たとえ保育者からして「想定外の遊び」でも、本人からしてみれば「立派な遊び」となっていることを考慮すると、ASD児の遊びは貧困で、遊ぶのが下手とか、自発性や想像性があまり見られないとは言い切れないですし、**多様性（ダイバーシティ）**が尊重される時代にあっては適切な指摘とは思えません。

こうした特徴からASD児が粘土遊びをする際には、保育者が手本となり、見本を作って見せたり、遊ぶ姿を示すことによって遊びの展開が期待できるかもしれません。また保育者からして「想定外の遊び」や「こだわり」

について も、その遊びを無理に中断させるのではなく、してもいいモノに置き換えたり、場面や状況、相手などの適切性を最低限確保してあげたりすることで、子どもの自由で自発的、自己目的的な活動につなげる必要があるでしょう。とはいえ私もされた経験がありますが、「ブロックやマジックのキャップなどの中に詰める」といった遊びは、保育者にとっては地味につらいものです。しかし、こだわりや想定外の遊びの経験は、凡人には理解できない天才的なひらめきとワザに繋がる糧となり、将来、たとえば陶芸家として開花するかもしれません。

**調べてみよう**
**考えてみよう**
**やってみよう**

1. 代表的なパーテン（parten）の遊びの分類法も含め、遊びの目的や機能などによる分類と発達との関係について調べてみましょう。
2. 幼児教育・保育と小学校との接続における取り組みについて調べてみましょう。その上で、「小一プロブレム」の原因と対策について話し合ってみましょう。
3. 特に保育の現場で「ちょっと気になる子」という表現をされる子どもがいます。この言葉の意味について調べてみましょう。

8 関理恵・片岡美彩・高緑千苗・鶴見真理子・芝木智美・水内豊和（２０１２）自閉症スペクトラム幼児の遊びの特徴．2012 International Summer Symposium, The Institute of East Asia Affairs, Chonnam National University, 278-279.

第12講義
おもちゃ×障害

# ともに遊べないと楽しくない！

## 障害児専用のおもちゃではなく

2021年9月～10月の期間限定でしたが、富山にある緑地公園で、障害のある子どもも遊びやすい**ユニバーサルデザイン**（Universal Design：UD）の遊具が設置されて、連日多くの親子連れが遊びに来ていました。これと同様のUD遊具は、昔から、東京の国営昭和記念公園に常設されています。広大な公園の敷地内の一角にある「わんぱくゆうぐ」には、ゆらゆらブランコ、ふわふわドームなど、UDに配慮した、子どもたちが夢中になる遊具がたくさんあります。

2011年11月には、ゼミの学生たちと元祖UD公園ともいうべき、アメリカのヴァージニア州マクリーンにあるClemyjontri

Clemyjontri公園にあるLiberty Swing（著者撮影）

公園を視察してきました。この公園は、「No Limit!」という看板にもあるように、障害のある子どもが楽しく遊べるように、たくさんの配慮がなされていました。写真は車椅子やベビーカーに乗ったまま楽しめるブランコ「Liberty Swing」です。この公園の理念は、「障害のある子どもも・ない子どもも、一緒に楽しく遊べるように」であり、実際に、遊具の数も多く、またその遊び方も一通りではないものばかりで、子どもの興味・関心や世界感を広げる可能性に満ちていると感じたものです。

## 「共に遊ぶ」を志向したおもちゃ

このマークをご存知でしょうか？　一般社団法人日本玩具協会が、目や耳の不自由な子もそうでない子も、障害の有無にかかわらず、楽しく遊べるよう配慮が施されている**共遊玩具**であることを示すものです。共遊玩具に認定された玩具には、商品のパッケージに「**盲導犬マーク**」「**うさぎマーク**」が表示されています。共遊玩具のコンセプトは、障害のある子の専用品ではなく、誰にとっても楽しめるものであることです。たとえばオセロは、元来、白と黒の識別が必要な遊びです。しかしこのマークのついたオセロではコマの黒の面に溝が切ってあり、触ってわかるよう

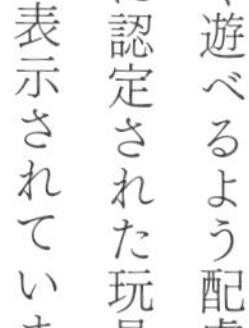


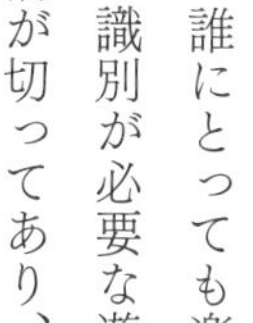

になっています。また盤面にも枠が立体にしてあり、触ることでどのマスに駒があるのかがわかるようにしてあります。２０２０年5月には世界的な玩具であるルービックキューブにも6面の色ごとに凹凸の形状が異なり、手触りだけでも揃えることができるＵＤバージョンが発売されました。このように、共遊玩具に限らず、こうした「見た目」や「音」に依存して使用したり楽しんだりする玩具にもＵＤ思想が取り入れられつつあります。点字付きのトランプやＵＮＯも今ではネット通販サイトにて購入することができます。

テレビゲームの世界でもＵＤの広がりを見ることができます。最近のゲームでは機能の中に、**色覚異常（色覚多様性）**の方にも配慮した色覚設定があるものが少なくありません。色覚異常は、男性の20人に1人、女性の５００人に1人はいる、決して珍しい障害ではありません。そして実は、本来は色覚異常の人向けの設定のはずが、色覚に異常がない人でもこの設定を変えることでメリットがあるとしてゲーム愛好者の間では話題なのです。たとえば大人気ゲームである「フォートナイト」では、本来、青色のフィルター越しに敵を検知・攻撃しなければならないのですが、色覚設定を用いることでこれがクリアに見えるようになるというのです！　いわば逆転の発想です。

## 車椅子に乗ったバービー人形

おもちゃそのものを通して、障害について意識を向けたり、知ることもできます。この点、障害も含めた**多様性（ダイバーシティ）**への対応を国策として重要視するアメリカにはかないません。バービー人形は、世界中の子どもを虜にしていますが、実は車椅子使用者モデルがアメリカでは売られています。また**パラリンピック**競技者モデルもあります。デンマーク発祥のブロックLEGOにも、車椅子のフィギュアがあります。東京2020パラリンピックに関連したおもちゃはないかなと少し探しましたが、エンブレムが肩にカラーリングされた**ガンダム**のプラモデルと、エンブレムの描かれたうちわを持つ浴衣姿のリカちゃん人形ぐらいしか見当たりませんでした。前者はもしこれがジオング（脚のないモビルスーツ）だったなら、宇宙空間においては足がなくても困らずむしろ無敵という、まさに障害とは環境との相互作用により生じることを意味するメタメッセージを含んでいて、高評価できるのですけどね。

## ユニバーサルデザインに完成形なし

「これやこの　行くも帰るも　別れては　知るも知らぬも　あふ坂の関」。百人一首にも収録されている、平安時代初期の**蝉丸**による有名な和歌です。この蝉丸は盲目だっただけでなく琵琶の名手でもあったと伝えられています。さて、この百人一首でＡＳＤの子どもたちと「坊主めくり」をする時には注意が必要です。私の経験上、先に蝉丸の札を見せて「これは頭巾を被っているけど坊主だからね」と説明しておかなければ、例外が苦手という特性があることの少なくない彼らは、時にゲーム中にトラブルを起こし、まわりから責められかねないからです。こればかりはＵＤに配慮した製品をというのは難しいので、使用する側が心得ておく必要がありますね。

　おもちゃや遊びの世界に、ＵＤが広がることは喜ばしいことです。今後、わが国でも障害のある子どももない子どもも、一緒に楽しく遊べるように配慮したおもちゃや公園が増えていくことを期待します。一方で、共遊玩具について、知り合いの視覚障害特別支援学校の先生に、幼児児童のおもちゃや教材の選定基準としてこのマークを重視するか尋ねましたが、それはないとのこと。あくまで、教育利用としては、対象児の発達段階やニーズといった実態を踏まえて考えることが重要となり、その結果、手作り教材となることが多いそうです。先に触れたClmeyjontri公園も、誰もが一緒に楽しく遊べる公園の究極の完成形ではありません。このようにおもちゃでも公園でも、開発の際

には、今後も多様な利用者の声に耳を傾けながらより良くしていくことが必要でしょう。また、あれば良いのではなく、その用い方はそれぞれの人の中にある「**心のバリアフリー**」に大きく依拠していることを忘れてはなりません。

## 調べてみよう
## 考えてみよう
## やってみよう

1. 身近にあるUDを志向したモノ・コト・サービスが、ロナルド・メイスが提唱した「UDの7原則」にどのように沿っているのか調べてみましょう。

2. 東京都にある国営昭和記念公園など、UD遊具のある公園を実際に訪れ、UD遊具を体験してみましょう。またそこに至るまでの**アクセシビリティ**も検証してみましょう。

3. どのようなおもちゃが「共遊玩具」となっているか調べてみましょう。また玩具店では共遊玩具がどのように取り扱われているかも調べてみましょう。

4. 色覚異常について調べてみましょう。その上で、学校における色覚異常の発見のシステムの現状や、色覚異常があることで制限される職業選択にまつわる問題について、支援者としてできることを話し合ってみましょう。

第13講義
ピクトグラム×障害

# 絵文字、顔文字の伝わり度を検証！

## 見るだけで理解ができる「非言語」ツール

いろいろあった東京2020オリンピックですが、開会式での**ピクトグラム**パフォーマンスはとても印象的でした。競技名だけではどのようなものかわからないものでも、なんとなくイメージができますね。今でもユーチューブで見ることができますので、見たことのない人はぜひご覧ください。実はこのピクトグラム、1964年の東京オリンピックに起源をもちます。

「**障害者のための国際シンボルマーク**」は障害者のみならず広く高齢者やケガ人なども含む人々が利用できる建築物や施設であることを示す、まさに世界共通のピクトグラムです。

「**ヘルプマーク**」は義足や人工関節を使用している方、内部障害や難病の方、または妊娠初期の方など、外見からは分からなくても援助や配慮を必要としている方が、周囲の方に配慮を必要としていることを知らせることで、援助を得やすくなるよう作成されたマークです。2022年

10月には、あるシンガーソングライターの新曲の特典グッズのデザインがこのマークと酷似しており、利用者に不安や不快な思いを抱かせかねないとして問題となりました。

こうしたピクトグラムやアイコン、マーク、**シンボル**、**サイン**などは（専門的にはそれぞれ別物ですが）、今日、私たちにとって見てすぐわかる有益な情報源として、非常口やトイレの識別など、生活の様々なところに見られます。

特別支援教育に携わる人で「**ドロ太**」くんを見たことがないという人はいないでしょう。**ドロップス**（Drops：The Dynamic and Resizable Open Picture Symbols）は、ドロップレット・プロジェクトが開発したシンボル・ライブラリです。私は、このドロップレットのシンボルは、特別支援教育分野における「いらすとや」であると思っています。知的障害や発達障害のある子どもたちの生活や教育を熟知した開発陣による、様々な事物や動作、状況のシンボルが

ドロ太

ヘルプマーク

障害者のための国際シンボルマーク

数多く用意されるドロップスは、子どもたちが視覚的に見てわかって動ける支援環境づくりに際して、教師から絶大なる支持を受け、アプリ「DropTap」とともに特別支援教育の現場において愛用されています。

## 幼児の表情認知の発達

そもそも、人はなぜ表情を見て笑っているとわかるのでしょうか。アメリカの心理学者**ファンツ**が1960年代に乳児が顔を好むことを発見して以降、多くの研究により、視力がまだ未発達な乳児でも人の顔とそれ以外を識別できることはよく知られるようになりました。また、人がどのように他者の表情を認知しているのかについてもこれまでにも多くの知見があります。例えば喜怒哀楽の基本4情動について幼児に情動語と写真図版とのマッチング課題を実施したところ、2歳からすでに顔を手がかりとした情動認知ができます。またそうした表情認知能力は、ASD幼児は定型発達幼児よりも有意に低いとの報告もあります。このように幼児のみならず、人が行う表情認知についての研究は、その発達的変化や対象者の質的な差異（先のASD以外にも、認知症患者など）、あるいは文化的差異（日中比較など）に注目してきました。これらの研究の手続き上用いられるのは、リアルな人の顔写真やビデオ動画のほか、イラスト（線画）が主です。

しかし提示刺激であるイラストの質的違いが及ぼす作用に着目した研究は十分になされていません。そこで私は、幼児（4〜6歳）は、イラスト、顔文字、絵文字（正円に主として目と口のみで表現したもの）などの様々な人の表情を表すシンボルが、どの程度認識できるのかについて実験しました。[9]

## 泣きたい顔には見えないそうです

まず表のようなシンボルのセットを用意しました。そして4〜6歳児に対して、提示された視覚刺激についてどのような顔または感情であるかを尋ねました。その結果、今回用いたすべてのシンボルに共通して、笑顔＝うれしいという表情の認知と心情の理解は、泣く、怒るといった他の表情に比べると高い正答率でした。また、イラスト以外のシンボル

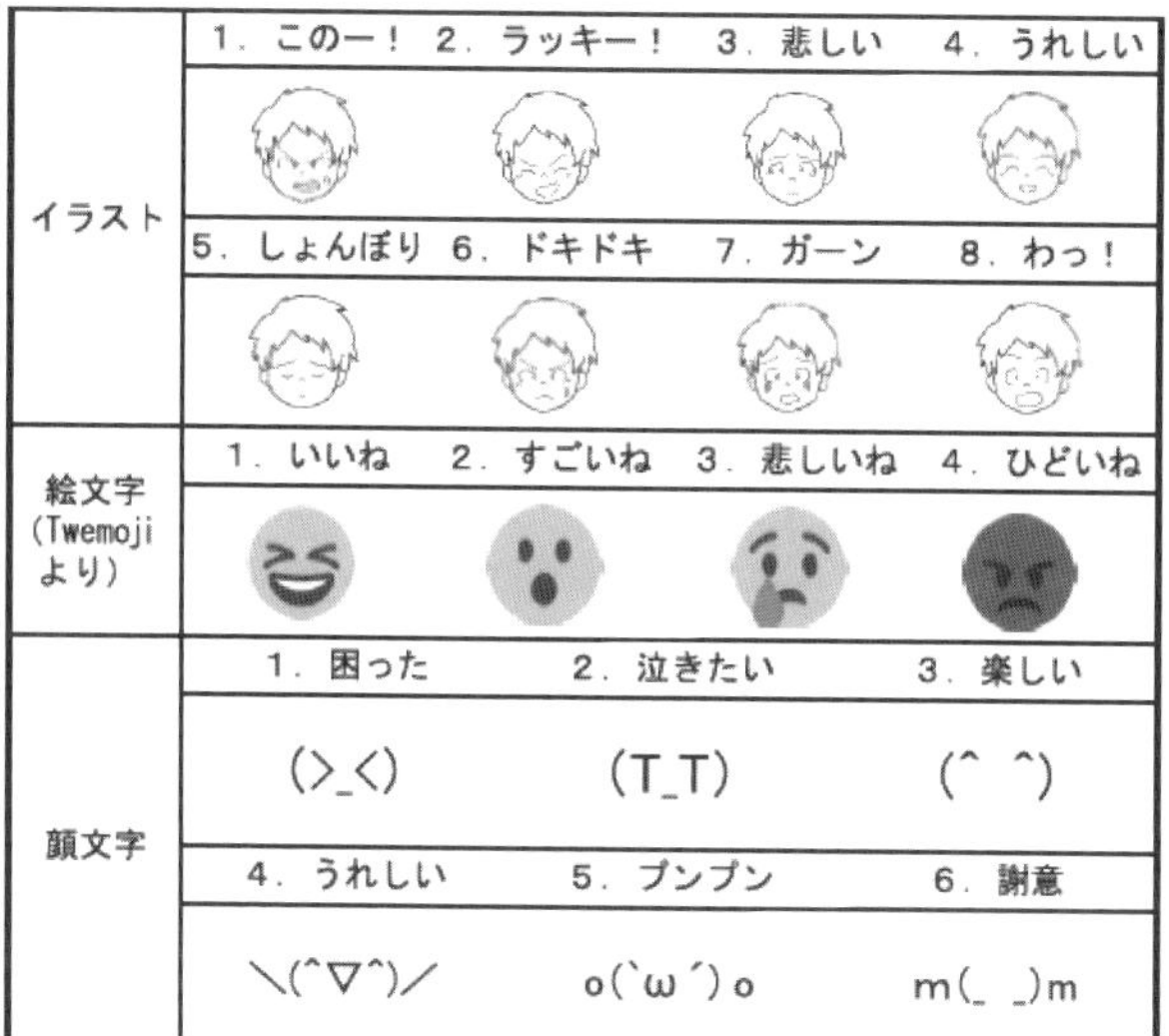

イラスト
1. このー！
2. ラッキー！
3. 悲しい
4. うれしい
5. しょんぼり
6. ドキドキ
7. ガーン
8. わっ！
絵文字（Twemojiより）
1. いいね
2. すごいね
3. 悲しいね
4. ひどいね
顔文字
1. 困った
(>_<)
2. 泣きたい
(T_T)
3. 楽しい
(^ ^)
4. うれしい
＼(^▽^)／
5. プンプン
o(`ω´)o
6. 謝意
m(_ _)m

実験で使用したシンボルとメタメッセージの例

は、正答率は総じて低く、😁などの絵文字であっても理解は十分ではなく、(^_^)などの顔文字については正答率はぐっと低くなりました。(T_T)にいたっては12％ほどであり、「何かの字」と答える幼児も少なくありませんでした。このことは、幼児期においては、まとまりとして対象を知覚する「知覚の体制化」が機能したとしても、大人がＳＮＳなどで好んで使うこれらのシンボルが表情や感情を表象するという理解には至らないことを示唆しています。

実際の保育や教育、そして発達障害や知的障害児を対象とした特別支援教育の文脈において、視覚支援の促進は熱心になされています。そこではシンボルが理解できているという前提に立って、他者との葛藤場面において、他者心情を表情イラストを用いて理解させ、どのような適切な振る舞いをするのかを習得させるコミュニケーション指導や**ソーシャルスキルトレーニング**などにおいて多用されています。しかし、本実験の結果からは、少なくとも定型発達幼児に対しては、絵文字ではなく、具体的なイラストの方が、表情認知ならびに感情理解にとって有効であり、絵文字や動物などを擬人化したシンボルの使用は、こちらの意図した感情を正確に伝えられない可能性があることをよく理解しておく必要があります。

他者視点や他者心情理解の難しさや、想像力の乏しさに特徴付けられるＡＳＤ児などにとって、障害特性や認知様式に見合った言語性／非言語性コミュニケーション手段のうちどれかまたは複数の使用が有効なのか興味があります。その際、教育現場において経験的に有効性が支持されているドロップレットシンボルの有効性についても、今後、実証的に検討してみたいと思います。

このたびのオリンピックは、残念ながら無観客で実施されました。テレビでスタジアムを見ながら、もし観客席のシートに、笑顔の表情をした人のイラストなり写真なりで埋め尽くしてあれば、はたして選手に与える心理的作用やパフォーマンスはどうなるのか、そんなことが気になった2021年の夏でした。

9　水内豊和（2021）幼児期におけるコミュニケーション支援ツールとしての絵文字等の有効性．とやま発達福祉学年報，12，35-42．

## 調べてみよう
## 考えてみよう
## やってみよう

1．スマートフォンなどからメッセージを送る際に、文字のみの場合、文字と絵文字のある場合とで、相手に与える印象がどのように変わるか、話し合ってみましょう。そして文章に絵文字を入れることのメリットとデメリットについて考えてみましょう。

2．「いらすとや」と「ドロップス」にどのようなイラストが用意されているか、学校や家庭での生活場面を想起し、それに関係するイラストを品詞ごとに調べてみましょう。

3．スマートフォン用のアプリでピクトグラムを作成できるものがあります。それを用いて、あなたがあったらいいなと思うピクトグラムを作ってみましょう。

第14講義

道徳×障害

# 複雑系を生きるための人間関係論

## 多面的な思考を促す道徳の重要性

ＡＳＤのある成人男性Ａさんは、職場で女性Ｂさんに過度に近づきスマホを覗き込むことが問題視され、上司から私の心理面談を紹介されて来ました。Ａさんに、行為の理由を聞くと「Ｂさんは彼女だから」と答え、「いつも目が合うから」「ぼくがプレゼントしたらきっと喜んでくれる」と述べました。障害児者に関わる支援者なら、このようなケースを障害特性に起因した行動問題と捉え、**心の理論**の獲得状況を把握したり、**ソーシャルスキルトレーニング**を行うことを提案するでしょう。もしＡさんがまだ学齢期であれば**性教育**の対応を考えるかもしれません。

たしかに、他者視点に立った心情理解が難しいＡＳＤ者は少なくありません。しかしＢさんのことを「彼女」と誤認識するように、彼らは定型発達者の世界の常識とは異なる理解をもつと考える必要があります。他者との関係性の中に生きる人間社会は知識を習得しつつ、それを文脈の中で一義的でなく臨機応変に応用・**般化**させることが求められます。したがって、単一価値ではなく「多面的・多角的な思考」を促し「心情を育てる」道徳科は、単に教科化されたからという以上に、ASDのような障害のある子どもにとって、容易ではないものの、とても大切なことと考えます。

**ローレンス・コールバーグ**（Lawrence Kohlberg）は、道徳的価値の葛藤（**モラルジレンマ**）状況における判断について研究を行い、道徳性の発達段階を示しました。彼の研究では、病気の妻を助けるために薬を盗むハインツを主人公とした「ハインツのジレンマ」（左のストーリー）という課題が使われました。対象者はストーリーを読み、主人公はどうすべきか判断するように求められ、その判断の根拠を明らかにするような質問に答えます。賛成か反対かではなくその根拠により発達段階がわかるというものです。

私は、**大学公開講座**として「発達障害等のある人のための生活向上講座」を行っています。[10]

【ハインツのジレンマ】　ハインツの妻はガンで死にかかっていた。医者は「ある薬を飲めば助かるかもしれない」と言った。その薬はある薬屋が50ドルかけて作って、500ドルで売っている。ハインツはお金を借りてまわったが、半分しか集まらなかったため、薬屋にわけを話し、薬を安く売るか、不足分は後で払うから250ドルで売ってくれるように頼んだ。でも薬屋は「私がこの薬を発見した。私はこれを売って儲けるのだ」と言って、頼みを聞かなかった。絶望したハインツは、その夜、薬屋の倉庫に押入り、薬を盗んだ。

ここには知的障害、発達障害のある成人の方が15名参加しています。あるとき、「大人の道徳時間」として、このハインツのジレンマ課題を行いました。薬を盗むハインツに賛成したのはわずかに1人で、そのほかの人は反対の立場を取りました。そこから双方にどうしてそう思うのかを問うと、反対派の多くは、「だめだから」「警察に捕まるから」のように、罰を避けることや損得の観点から道徳性が判断される「前慣習的水準」の段階にとどまっていました。一般にこれらは小学生段階といわれます。しかしその中でもＡＳＤのあるＣさんは反対の理由として「お金を集める努力が足りない。重度の心臓病を患う子どもが募金活動で手術代を得られたこともあるし、今だとクラウドファンディングなども活用すべき。また高額になるけどハイリスクな人への生命保険だってある」と力説されました。段階的には低次でも、知識的には一寸納得してしまうところもあります。

## iPadの保護ケースは必要？

富山大学教育学部附属特別支援学校では、私が研究費で購入し提供した30台以上のｉＰａｄが、日々のプログラミング教育をはじめとする教育活動において、学習者用の端末として今も普段使いされています。このｉＰａｄは、たっての願いから、保護ケースをつけていません。俗にいう

「裸族」での使用です。多くの特別支援学校では、EVA樹脂製の衝撃吸収セミハードケースが装着されているのが普通です。子どもたちが誤って落下させて壊すだけではなく、行動問題の結果壊されてしまうことを危惧してのことなのでしょう。しかし、附属特別支援学校では、子どもたちが使っているiPadを「行動問題の末に壊した」ことは、これまでに1台たりともありません。子どもたちは、楽しい教育活動を提供してくれる教材・教具であるiPadを大事にしているからです。

GIGAスクール構想の進展に伴い、「ICT端末は文房具」というフレーズを聞くようになりました。しかし、先生や親である大人が普段使用しているスマホやPCは、ケースや壁紙を自分の好きなものにできるのに、障害のある子どものそれは何とも無機質で自由度もありません。それでどうして、自分の文房具になりえるのでしょうか。そろそろ周囲の大人たちの中にある「障害児に使わせたらiPadは壊れる（壊す）」というマインドセットを変えてみませんか。そしてそのためには、当然ながら魅力的で学びの多い学習内容が準備され、提供される必要があります。

## 幼少期に育んでほしい情動的交流

Aさんは、その後私が行った6回の支援の中で、身近な他者である家族にクリスマスプレゼントを考えて購入し渡す、という取り組みをしました。[11] このように相手の立場に立ち思いやる行動をする機会を設けた結果、「うれしいな、買ってきてよかった」「お父さん、お母さんに生まれてはじめてものをあげた。うれしかった」と語りました。問題となっている行動そのものに対して直接的介入をすることも大事ですが、このケースのようにその人の日常にあるヒト・モノ・イベントのような**自然な生活文脈**の中で他者視点に立ったり思いやったりする経験を積むことで、本来であれば幼少期に育んでほしい情動的交流を少しだけ育むことができ、いまさらながらにAさんにとって、「社会的に望ましい気持ちの伝え方」を知るきっかけとなりました。ただしこの取り組みには残念ながら限界があります。Aさんにはなにかを「あげる経験」だけではなく「もらう経験」も大切であり、そのためには周りの協力―まずは家族の協力―が必要となりますが、それを大人になった時点から求めることは簡単なことではないからです。

　道徳を単一の教科として時間割に位置付けている知的障害特別支援学校は全国的にもわずかにしかありません。しかし、ASD者特有の、知識・スキルと道徳性の発達段階とのアンバ

ランスに着目し、個々のニーズや発達の状態に応じた支援ツールの提供や環境的配慮が保障され、かつ家族をはじめとする信頼できる他者との情動的交流を促す具体的経験を伴う、幼少期からそんな道徳科の授業を受けていたら、はたしてAさんはどうなっていただろうか？と思わずにはいられません。

**調べてみよう**
**考えてみよう**
**やってみよう**

1. 知的障害特別支援学校において道徳がどのように取り組まれているのか調べてみましょう。
2. 知的障害のある人の生涯学習の一つの形態として、わずかながら大学における公開講座があります。全国でどのような大学でどのような内容が行われているのか調べてみましょう。
3. GIGAスクール構想実現により、自分の住む地域にある特別支援学校にはどのようなICT端末が整備されているか、調べてみましょう。

10 鶴見真理子・高緑千苗・水内豊和（2014）知的障害者を対象とした生涯学習の場としての大学における公開講座のあり方に関する検討―個々のニーズに応じた内容の選定ならびに学習方法を中心に―．富山大学人間発達科学部紀要，9（1），189-198．鶴見真理子・高緑千苗・水内豊和（2014）知的障害者の学習ニーズと自己選択・自己決定を尊重した情報活用力を高める生涯学習のあり方に関する実践研究．特別支援教育コーディネーター研究，10，61-70．

11 水内豊和・成田泉（2015）広汎性発達障害者の対人トラブルに対する支援の一事例―自然な生活文脈を活用した他者視点取得の機会の創出から―．富山大学人間発達科学研究実践総合センター紀要，10，91-95．

第15講義

教室×障害

# 「壁のない教室」は誰のため？

## それはもう、静かじゃありません

この20～30年の小学生を取り巻く環境の変化については、まさに枚挙にいとまがありませんが、その一つに「壁のない教室」の増加が挙げられます。これは、文部科学省が２００９年に示した「小学校施設整備指針」に沿ったものと言えるでしょう。

「壁のない教室」がもたらす恩恵としてよく言及されるのは、「教師の工夫や協力によるティーム・ティーチング」「合同授業の場、児童の憩いの場、談話の場としての活用」「多様な学習指導」といったことの可能性が高まることです。しかし、これらの利点は決して実証されたものではありません。

私が初めて小学校で壁のない教室を見たのは、教育実習巡回におけるとある小学校の朝の会のときでした。実習生が顔を真っ赤にしながら声を張り上げていましたが、なかなか後方までは届いていません。隣のクラスから楽しそうな朝の歌も聞こえてきます。先生はもちろん、教室の後列の児童が集中して授業に参加するのは大変だろうなと思ったものです。

ADHDやASDなどの発達障害のある子は、音の弁別が困難なため必要な情報を取り出すことができない、圧迫感・閉塞感を好む、こだわりが強い、注意集中が困難などの学習上、行動上の問題を抱えています。このような特性に鑑みると、「壁のない教室」は、発達障害児の学習環境として、果たして適切と言えるでしょうか。

学校における学習の物理的環境に

ついては、文部科学省が2009年に示し、何度か改訂している「学校環境衛生基準」において、「教室内の等価騒音レベルは、窓を閉じているときはLAeq50dB以下、窓を開けているときはLAeq55dB以下であることが望ましい」と示されています。

ところがある調査[12]によれば、「壁のない教室」と従来型の普通教室で騒音を測定したところ、普通教室はどの学校でも基準値を下回っていましたが、「壁のない教室」は全て基準値を超えていたというのです。「壁のない教室」が学習環境としてプラスとばかりは言い切れないことを示す貴重なデータです。

以上を踏まえると、トレンドとなりつつある教室のオープン化、すなわち「壁のない教室」の設置推進は、有効性に根拠のないまま進められているものの、一方で脳の機能障害に起因する、学習上や生活上の困難を有する発達障害児にとっては、教室の形態そのものが学習活動へのアクセスを阻害している恐れを否めません。

## 文科省も問題点に気付きました

私は2012年に、「壁のない教室」について、小学校通常学級を担当する教師を対象とした意識調査を行いました[13]。

回答のあった48名の教師は、「壁のない教室」での授業経験の有無にかかわらず、「今後『壁のない教室』で授業をしたいか」という問いに対して、「したい」と回答したのは7名に過ぎませんでした。そのメリットとして挙げられたのは、「活動内容や方法に自由度がもてる」など、学級経営や学習活動に関わる担当教師サイドの観点に立つものばかりでした。同時にデメリットとして挙げられたのは、「掲示スペースがない」「冬寒い」などの単純な物理的側面だけでなく、「落ち着かない」「注意集中ができない」という、子どもにとって学習の際に阻害要因となるものが大半を占めていました。

同様に「壁のない教室」での授業に否定的である理由としては、子どもの集中困難がそのほとんどを占めるとともに、とりわけ発達障害のある子どもの学習困難を助長することを懸念する声が多くありました。さらに「学校環境衛生基準」において教室の環境騒音の推奨値が50dB以下であることを知る教師はわずかに1名でした。

壁やドアがあることは、それ自体、視覚的に**構造化**されているというメリットがあります。同様に、時間割に沿って活動が組まれ、その区切りとしてチャイムが鳴るという聴覚的な構造化も発達障害のある子の教育活動に重要な意味がありそうです。しかしながら近年、自律的・自立的な子を育てるという理由からチャイムも廃止している学校があると聞きます。

発達障害のある児童も在籍する通常学校における学習環境として、単にトレンドのみで「壁のない教室」「チャイムのない学校」を推進し、結果、子どもが適切な教育を受ける権利を学校が阻害するというようなことはあってはならないと考えます。

ちなみに文部科学省が2020年12月に示した「学校施設バリアフリー化推進指針」では、2004年の初版の指針にはなかった「障害のある児童生徒の学習方法に配慮して、教室内に教材・教具等が適切に配置できるスペースを確保したり、障害に応じた専用の学習空間、障害のある児童生徒が落ち着きを取り戻すことのできる小規模空間等を設置できるように計画することが有効である。また、運営面での対応と連携し、障害の特性に応じて、教室内の動線を確保したり、騒音や雑音、視覚的な刺激を避けるように計画することが有効である」との記載が設けられ、発達障害児などに対する教室環境の物理的な配慮の重要性を述べています。

私も騒音レベルと子どもの行動や学習との因果関係を調べてみたく、2008年に騒音計、照度計などの環境測定器を購入しました。しかし、今となっては恥ずかしい話ですが、当時まだ若かった自分は教育委員会に盾突くかのような調査に躊躇し、できずじまいでした。今ではスマホのアプリとして無料の騒音計がいくらでもあります。精度的には研究用途には適しませんが、教師自身が自分の教室環境を把握し、教育活動の改善を考える上では有益かもしれません。

調べてみよう
考えてみよう
やってみよう

1. 教室やチャイムなど、学習環境の構造化には、この他にどのようなものがあるか調べてみましょう。

2. スマートフォンのアプリで騒音計をインストールし、さまざまな音の大きさについて客観的に理解しておきましょう。また学校教育法施行令第22条の3に規定する聴覚障害者について調べ、「60デシベル」という聴力レベルについても体感的に理解しておきましょう。

3. 諸外国の学校や教室の構造、バリアフリーへの対応状況について調べてみましょう。

12 神林潤一・鈴木康弘・沖津卓二（2004）オープン教室の騒音に関する調査・研究．Audiology Japan，47（1），41-48．

13 水内豊和・高緑千苗（2013）発達障害児の視点にたった学習環境のあり方についての一検討―「壁のない教室」に対する通常学級教師の意識から―．特別支援教育コーディネーター研究，9，73～79．

第16講義

昔話×障害

# かなり無理解な時代の痕跡です

10月は全国の神々が出雲（現在の島根県）に集う神無月。記紀による、イザナキとイザナミが天の高天原よりオノゴロ島に降りたって、淡路島を筆頭とする日本を形成する島々を生み、その後さまざまな神々を産んだ「国生み」の神話はよく知られるところです。

二神がもうけた多くの子の中で代表的なのは八百万の神々の最高位、アマテラスですが、実は一番最初に生まれたのはヒルコです。しかし生誕以降、日本神話の中にヒルコは一切登場しません。というのもヒルコは3歳になっても立つことができなかったために海に流し捨てられたとされます。現代であれば当然ながら児童相談所案件、警察案件ですが、これには諸説あるものの、その背景には病気や死を不浄なものとする「**穢れ**」の価値観が大きく影響していたようです。

日本各地にこのヒルコが流れ着いたとされる伝説もあり、その一つ兵庫県の西宮神社では、ヒルコは外部からの来訪者を意味する「夷（えびす）」と呼ばれ、当地にて大切に育てられたと伝わっています。ヒルコは漢字で「蛭子」、これは「えびす」とも読みます。そう、七福神の一つ、漁業の神様「えびす様」です。なお国学者の本居宣長は、ヒルコは脳性マヒだったと考えたようです。ちなみに私にとって一番馴染みのあるえびす様は、釣竿と鯛を両手に持ち座位姿勢を保っている、あの「ちょっとぜいたくなビールです♪」のお姿ですね。

えびす様は、**「子殺し」**が横行するような、福祉も教育もない障害者に無理解な時代に、本人が努力して改善克服しなければ生きることができなかった**「医学モデル」（ＩＣＩＤＨ）の障害観**の社会にあって、人知れず懸命にリハビリに励まれたのかもしれません。今では、世界的潮流として、障害とは、本人の特性とそれを取り巻く社会との相互作用とで捉える**「社会モデル」（ＩＣＦ）**で考え、さまざまなサポートを持ちながら自分らしく生きることが大切という障害観に移行していることはご存知の通りです。

冒頭にも触れた、旧暦10月は伊勢神宮のアマテラス以外の神々が出雲に集まって翌年について会議するので出雲以外には神がいなくなることから神無月というのだという説は、平安時代以降の後付けであり、出雲大社の御師が全国に広めた語源俗解とのことだそうです。しかし、もし現代にあってヒルコが神々の会議に出席し、**インクルーシブ社会**の推進を訴えるなら、兵庫県から出雲大社までは関西国際空港経由の空路だろうか、電車なら智頭急行かそれともＪＲで岡山経由のどちらが**バリアフリー**だろうか、寝台特急サンライズ出雲で寝ながら向かうか、そもそもオンライン参加かな、などと夢想します。

## 「異形」が「普通」になることがめでたいことなの？

子どもの頃の私にとって、土曜日の夜7時といえば、テレビ「まんが日本昔ばなし」でした。故市原悦子のナレーションは、40年経った今でも目の前にリアルに思い出せます。ネットで知りましたが全部で1474話あったそうです。当時それが1話ごとにミニ絵本になっているセットがあり、私が幼児から小学校低学年ごろ、夜寝る時に母がそれを毎晩何冊か読んでくれたものです。

そうした中で、何かしらハンデがありそれが改善されることをもってして「めでたしめでたし」とする話、今になって特別支援教育を専門とするようになり、思い返せば違和感を感じるところがあるものです。たとえば、「一寸法師」や「鉢かつぎ姫」「こぶとりじいさん」など。異形なものに対する「穢れ」や、「医学モデル」による改善・克服あっての幸せ、善行を勧奨する道徳など。また善行だけでなく悪行としての因果応報を扱うものも多々あります。そう

した中には、現代にも**「しつけ言葉」**として残っているものもあります。内容には地域差もありますが、たとえば「米粒を残すと目が潰れる」「机の上に立つと足が曲がる」「本を踏むと立てなくなる」などです。これらは、小さな子どもにとって恐怖心とともに刷り込まれます。しかし、これらの因果に科学的根拠や合理性がないことは明らかです。そういえば以前、学校現場でも、「水」を褒めるとその水が美味しくなるなどという似《え》非《せ》科学を教えていたことが問題になりましたが、障害に関係するこの手のしつけ言葉よる脅しとそれに伴う誤った知識の流布も、それ以上に子どもにとって害悪でしかありません。

現世だと知的障害や発達障害、精神疾患を連想するような昔話もあります。「ものぐさ太郎」や「だほ者（怠け者という意味）」はハッピーエンドでこそありますが、そのためには本人が努力をする必要があることを、メタファーとしています。その点「三年寝太郎」は、社会から理解されず疎んじられていた主人公が、実は特異能力の持ち主で、最後に世の中を救うという少し趣向の異なるお話です。

## 憐れみはいらない

以前出張で京都府宮津市の由良というところを運転中、道路沿いに「安寿と厨子王の像」をたまたま目にし、「安寿恋しやホゥヤレホ。厨子王恋しやホゥヤレホ」という昔よく私の母親の語りで聞いたフレーズが蘇ってきて、思わず停車し写真を撮りました。姉の安寿と弟の厨子王を人買いから買い取り酷使した山椒太夫の在所だったとされる伝承地です。2人の父は奥羽の役人でしたがいわれのない悪名を受け筑紫に流されます。そこに向かうために姉弟と御台所、乳母は直江津から船に乗るも、悪徳商人により引き裂かれ、姉弟は先述のように京都由良の山椒太夫に売られ、乳母は悲観して入水、御台所は佐渡島にたどり着くも涙に明け暮れ、失意の末失明します。姉弟は太夫による酷使の中、耐え忍びつつ、姉の捨て身の方策の末隙を見て弟は脱出します。その後厨子王は帝に仕え立身出世し、父の罪も許され、奥羽に加えて丹後の国も拝領します。そして山椒太夫に復讐したのち、生き別れた御台所である母の行方を求めて佐渡にたずね歩き、先の歌を歌い彷徨う盲目の女性と巡り会います。厨子王は、歌を聞いて母とわかり、駆け寄りすがりつき、うれし涙に母の眼は視力を取り戻し、母子は再び抱き合います。

この話に幼き日の自分はとても感動したものです。ただ、大人になった今からすれば、この話で母を視覚障害者にすることでより感動モノに仕立てていたり、その後全盲の状態が回復するなどのあり得ない展開も、昔話や伝説だから許されるフィクションだなぁと別の観点から眺めてしまいます。東北、北陸、近畿、九州を股にかけるこの話のスケールの大きさにもびっくりですが。

かなり無理解な時代の痕跡です

この原稿を書いている秋は学会シーズンであり、コロナ禍でなければ、その分野のセンセイたちが、全国持ち回りの開催地に一堂に会すため、さしづめ「(師)」無月」だなぁとぼやきながら自宅からのオンライン学会で発表した夜に、幼少期の両親との思い出に少しセンチになりながら、えびす様のビールに酔いしれています。

**調べてみよう**
**考えてみよう**
**やってみよう**

1. 脅しによるしつけ言葉にはどのようなものがあるか調べてみましょう。
2. 「子殺し」の歴史や現代の事件について、その背景も含めて調べてみましょう。またそのような事件はどのようにしたら防ぐことができるかについてICFを用いた社会モデルから考えてみましょう。
3. 「がんばる障害者」を描くメディアや番組について、その意義と課題を話し合ってみましょう。

第17講義

自己理解×障害

# 障害告知には、それに伴う適切な支援があるか?

## ネガティブ体験と自己理解

私は大学にて発達障害、知的障害児・者の心理相談を行う中で、肯定的な自己理解ができておらず、そのことが職場でのコミュニケーションや家庭での家族との関係に問題をきたしている成人のケースに多く直面します。

**障害者枠**で**一般就労**をしているAさんは、両親ともに弁護士であることを過剰に意識しており、自己を卑下するとともに今でも大学法学部に進学し弁護士にならなければという脅迫的観念を語ります。

Bさんは地域の中学校から特別支援学校高等部に進学する際に、自分の意思ではなく当時の担任教諭や自分に無関係な人の意見により進路が決められたという誤った認識がいまだに拭えておらず、大学に進みたいという思いから「普通になりたい」と念じつつ国語辞典の項目をノートに書き写すという行為を続けています。

知的障害特別支援学校の卒業生たちをみても、その自己理解の様相は様々です。特別支援学校に小学部から高等部までの12年間在学していたCさんは、本人の特性やペースに合わせた学習が保障され、「できる自分」への自信を高めて卒業したものの、就労先で社会人としての多様な評価を突きつけられ、心理的ストレスにより離職しました。

高等部から特別支援学校に入学してきたDさんは、小学校や中学校で受けたいじめ等の体験から「できない自分」を強く感じ、自己肯定感がとても低いまま卒業していきました。

このように、発達障害、知的障害児・者は、家庭や学校でのネガティブ体験に加えて、障害の診断や**障害者手帳**[14]の取得、あるいは進路選択において、**自己選択・自己決定**への意思の尊重がなかなかされにくく、本人の**自己理解**に後々まで影響を及ぼすことがあります。

## ていねいな自己理解の支援

Eさんは現在21歳の女性です。小学3年生時より私が行う大学心理相談室にて学習面での支援を受けていました。当時の診断名は「LDの疑い・不注意優勢型ADHD」。まだ特別支援教育時代ではなかった当時、学校では特別な支援は受けておらず学習面のつまずきが次第に大きくなっていきます。小学6年生の秋に医療機関より軽度知的障害と再診断を受けました。医師からの診断告知時は泣いてパニックになり、療育手帳を取得するも、手帳を投げ捨てた過去をもちます。

私の相談室では、保護者の願いから、2学期より肯定的な自己理解を目指した約3カ月間、10回の個別支援を行いました。特に7回目では診断名のみ「知的障害」と告知されつつもその意味を正しく理解できていないEさんに対し、小学生の彼女の理解レベルに合わせた説明をそれまでの6回の個別支援で掘り下げた自己理解の取り組みをていねいになぞることで行い、10回目では療育手帳があることで、Eさんの生活で実際にどのようなメリットがあるのかについて、オリジナルの説明書を作成し、ていねいに説明しました。自分の苦手や不得意な部分が障害特性によるものであると説明をした時には、自分が学校でいじめられていることもはじめて語り内面のモヤモヤを吐露しました。このようにある程度自分のネガティブな側面を客観視できるEさんのような子は、そのままでは肯定的に自己理解することは難しく、時に歪みを来してしまうため、個に応じた配慮や支援は特に重要と考えます。[15]

## Eさんが自己を肯定できるようになるまで

さて、Eさんは中学は特別支援学級、そしてその後は高等支援学校を卒業し、現在はスーパーマーケットにて就労しています。成人となったEさんに療育手帳について尋ねたところ、小学校の手帳取得時を中心に、手帳や自己の障害についてネガティブに捉えていたと振り返りつつも、今は手帳を大切なものと話してくれました。「看板とかにも、遊びに行く先のホームページとかにも、障害者手帳とか身体障害者とかいろいろな障害について書いてあって、手帳

を持っている方は無料とか値段とか書いてあるから、そこ見て、あ！無料やって分かって、持っとるから使えるなって（思い）、使ったりした」と、自分で調べるスキルが確認できます。また「今は手帳持っとる方が嬉しい。なんでも、付き添いの方がタダになるときとかあるから、映画も、高いやつも1000円で見られたりとかするから。お得。何でもお得になるから嬉しい」と、手帳の機能として、同伴者の割引を認識していました。さらには「今度の更新の時（母からは）生きとるかな？って言われる（笑）〈中略〉でも、28歳の更新終わったその次の更新は、あんた一人で行かんといけんね。母さん死んどるかもしれんから、あんた自分で行けるようにしとかないとねって」と、手帳についてざっくばらんに家族と話をする様子も見られます。

## 幼少期からのていねいな関わりの大切さ

現時点でのこうした肯定的な自己理解や療育手帳に対する認識は大人になってできたものではなく、回顧的に分析すると、以下に示す3つのことが幼少期から十分に保障されてきたことが影響していると考えられます。[16]

まずは良好な家族関係。特に母親との関係は成人になった今もとても良好で、運動クラブや映画鑑賞は共通の趣味でずっと続いています。もちろん、思春期には障害のない**きょうだい**が大学進学していることに対する嫉妬に端を発した**アイデンティティ**の葛藤もありましたが、現在はそれはクリアし、むしろきょうだいのことを誇らしげに語ります。

次に楽しく充実した学校生活が保障されていたことです。小学校では特別な支援もなくいじめもありましたが、不本意ながら進んだ中学校特別支援学級ではEさんの特性やペースに合わせた学習が提供され、また特別支援学校高等部では部活に打ち込むことができました。またその時より今もつながる友達がいます。

3つ目に、学齢期には、学校以外にも自分を認めてくれる場があったことです。Eさんは私の相談室以外に、小学校の時から親の会の**余暇サークル**にずっと通っており、同様の特性や困りを抱える仲間とともに支援者に自己肯定感を支えられながら活動してきました。また、小学生の時から通う絵画教室は今でも続けており、毎年彼女の作品はデパートで展示され、知人からの賞賛を得ています。

○○障害という診断名や療育手帳が本人にとって単に**スティグマ**、負の**ラベリング**として苦しめるだけに作用するのでは、成熟した**インクルーシブ社会**とはいえません。肯定的な自己理解を促すためにも、学校や支援機関ができる、本人ならびに家族への幼少期からの「ていねいな」関わりとは何かについて、私も今一度考えるのです。

**調べてみよう**
**考えてみよう**
**やってみよう**

1. 医師が行う診断と、心理職や教師が行うアセスメントは何が異なるのでしょうか？それぞれの目的と方法について調べてみましょう。
2. 自分自身のこれまでを振り返り、自己理解をどのように深め、自己選択・自己決定をしてきたかについて、あらためて考えてみましょう。
3. 障害者手帳の発給の対象や手続き、手帳で受けられるサービスについて調べてみましょう。

14　知的障害者に供される「療育手帳」、身体障害者に供される「身体障害者手帳」、精神障害者に供される「精神障害者保健福祉手帳」の三種類がある。なお正確には、知的障害者に供される手帳は都道府県・指定都市が独自に要綱を策定しているため、「愛の手帳」、「緑の手帳」と呼ぶ自治体もある。

15　水内豊和（２００８）自己決定力を育む自己理解の支援．小島道生・石橋由紀子編．発達障害の子どもがのびる！かわる！「自己決定力」を育てる教育・支援．明治図書，51-58．

16　水内豊和・島田明子（２０１９）成人の自己理解の状況から見える幼少期からの丁寧な支援の必要性．実践障害児教育，47（5），16-19．

第18講義

歴史×障害

# 日本には「障害者」が少ないの？

## 二人の医師　アスペルガーとダウン

NHKの「フランケンシュタインの誘惑─科学史闇の事件簿─」という番組で、オーストリアの小児科医**ハンス・アスペルガー**の生涯を取り上げていました。1944年に言語発達や知的能力に問題がないタイプの自閉症を症例報告したアスペルガーは、のちにイギリスの精神科医**ローナ・ウイング**により再評価され「**アスペルガー症候群**」という診断名（現在はASDに一元化）が生まれました。こうした功績は、この分野の専門家としてもちろん知っていました。しかし、このドキュメンタリーでは、アスペルガー医師のその功績とは正反対の裏の姿に迫ります。ナチス政権下ドイツでは、アドルフ・ヒトラーにより、ドイツ民族、アーリア系を世界で最優秀な民族にするために、支障となるユダヤ人を虐殺しました。この虐殺には障害児・者も含まれていたことも周知の事実です。驚きなのは、最近の歴史研究によると、子どもたちを守るべき立場のはずのアスペルガーが、障害のある子どもたちを虐殺施設へ送致していたというのです。

障害や病気の名前に、発見者や貢献した人の名を冠することは少なくありません。偶発的な染色体の異常により出現するダウン症は、身体的発達の遅れ、知的障害、心臓などの先天奇形などの障害を伴います。１９６５年からＷＨＯにより、最初の報告者であるイギリス人の**ジョン・ラングドン・ダウン**医師の名前をとって「**ダウン症**」と呼ばれています。人間は通常46本の染色体を持ちます。そのうち21番目の染色体が１本多く3本あることから「**21トリソミー**」とも呼ばれます。どの国でも約８００～１０００人に１人の割合で生まれますが、高齢出産になるにつれ生まれてくる子どもの染色体異常の頻度が高くなることも知られています。１８６６年、ダウン医師は、知的障害のある子どもの中に、相貌や発達に特徴のある一群があることに気づきました。そのこと自体は素晴らしい発見だったのですが、ダウン医師はなんと、アジア系人種、とりわけモンゴル人に顔貌が似ていると捉え、Mongolism（蒙古症）と名付けたのです。この背景には当時の白人至上主義の差別観が影響していました。ダウン医師による発見からおよそ１００年後に、染色体技術の進歩が、過ちを是正したのです。

過ちの歴史については、日本も例外ではありません。１９４８年の**優生保護法**に基づき、**優生学**的見地からの強制**断種**が実施されました。同法は、**ハンセン病**を新たに断種対象としたほか、

1952年の改正の際に新たに遺伝性疾患以外に精神疾患、知的障害も断種対象としています。この非人道的な恐るべき法律が**母体保護法**と改正されたのは1997年と、そう昔のことではないのです。

## 日本は世界平均の2分の1

障害の出現率は先述のダウン症や、ASD（100人に1人程度）のように、一定の割合となります。しかし私が大学で初学者向けの特別支援教育の概論を講義する際には、国別にみた何らかの障害のある人の割合として、以下のような統計値を示します。

スウェーデン：35％
アメリカ合衆国：20％
オランダ：10％
日本：4・6％

そして学生には、どうして国ごとに出現率が異なるのか、日本はどうして他国に比して出現率が低いのか、ということを考えさせます。

学生たちから多く上がる意見に、日本では障害の判別基準が厳密なため、障害を狭義に捉えているのではないか、というものがあります。たとえば、①脳性マヒがあり（病気・変調）、そのため②右手の随意運動が損なわれており（機能障害）、③みんなと同じ箸や食器が使えないため（能力低下）、④みんなと同じ時間に同じ場所で給食が食べられない（社会的不利）という子どもがいたとしたら、日本ではいまだに①や②の段階を指して障害があるとみなしているからではないか、というものです。これは**ICIDH**に基づく**医学モデル**の考え方と言われます。真の**インクルーシブ社会**においては、③や④ができるようにするために当事者が機能障害を改善克服するのではなく、③や④の価値規範を社会側が変える、つまり**ICF**に基づく**社会モデル**の考え方、**障害観**のブラッシュアップとそれに伴う**心理的バリア**の除去がなされるべきこととなります。

次に多く挙がる理由は、日本では障害者を**障害者手帳**の所持者に限っているからというものです。またそれに関連して、障害者に対する差別や偏見が根強いため**ラベリング**による負の側面や**スティグマ**を拒否したいのではないかというものです。確かに日本における障害福祉サービスは基本的に、療育手帳、身体障害者手帳、精神障害者保健福祉手帳という障害者手帳に基づいてなされます。**障害者雇用**の側面をみると、2022年現在、民間企業には2・3％という**法定雇用率**が課されていますが（2024年に2・5％、2026年に2・7％へと段階的に引き上げられます）、実雇用率は2・25％、法定雇用率を達成している企業の割合は48・3％に過ぎません。

こうした背景の一つには日本では障害者が手帳を取得したり、**オープン**にして就労したりすることのメリットがデメリットと比べて感じにくいということがあるのかもしれません。

少しこの分野に関心のある学生の中には、ダウン症を代表とするいくつかの障害や疾病に対する**出生前診断**を例に出して、障害発生の予防対策がとられている、ということを挙げる人もいます。特に近年、従来の検査よりもリスクが低くて精度が高いとされる**母体血胎児染色体検査（NIPT）**の出現は、出生前診断の普及を進めることにつながりました。しかし、その簡便性から検査に関する十分な説明が医療者から示されず、その結果、妊婦がその検査の意義や結果の解釈について十分な認識をもたずに検査がなされている実態があります。私はこのような学生の意見に対しては、先述のような歴史を引き合いに出すことで、本人の意思ではなく、**優生思想**に基づく国家の意思による強制堕胎や不妊手術の怖さについて考えてもらうようにしています。

もう一つ、学生からは出てこない意見なので、私が最後に付け加えることが多いのですが、日本では半世紀以上戦争がなく平和であるという理由も挙げられるでしょう。**ベトナム戦争**下で用いられた**枯葉剤**による先天性奇形児—**ベトちゃん・ドクちゃん**—のように、戦争が障害者を生み出すことがあります。世界に目を転じれば、いまだに紛争地帯では地雷を踏むことで手足を失い障害者となる、ということもあるのです。しかし戦争による障害は、本来なくすことができるはずのことであり、なくさなければならないはずのことです。

実は先の4つの国に関する統計はかなり昔に調べたものであり、また出典もバラバラです。最近の内閣府が示した日本の統計では、国民のおよそ7・4％が何らかの障害を有しています。ところで東京2020**パラリンピック**で「**We The 15**」というフレーズを見ましたか？　国際パラリンピック委員会は2021年より、世界人口の15％に当たる約12億人の障害者の人権を守る新たなキャンペーンとして、今後10年間の長期的な活動で「**共生社会**」の実現を目指します。この15％は推定値です。1970年にWHOが同推定値を示した時は10％でしたので、世界的にみ

ても障害者の数は増加しています。その理由はなんでしょう。そして世界に比しても日本はなぜ障害者が少ないのでしょう。

「歴史を学ぶことが重要なのはなぜか」。学校という限定された時間・空間において、今とこれからを生きる子どもたちを育てている教師にこそ、このことを考える意味は大きいのではないかとあらためて思います。

**調べてみよう**
**考えてみよう**
**やってみよう**

1. 「ベトちゃん・ドクちゃん」について調べてみましょう。
2. ユーチューブで「We The 15」のイメージ動画を見てみましょう。そして日本語訳を作成してみましょう。
3. ダウン症をはじめとする出生前診断について調べてみましょう。またこの命の選別に関わる科学技術がどのように用いられるべきか、話し合ってみましょう。

第19講義
サンタクロース×障害

# 最良のクリスマスプレゼントの選び方

## もらったらうれしい?!

12月ともなれば、街はクリスマスモード一色になりますね。クリスマスになるといつも思い出すのが、理不尽なプレゼントの話。両親ともに小学校の教師だった幼少期の私の家庭は、少々厳しい教育方針でした。中学生までは小遣いももらえず、誕生日プレゼントもなく、お年玉は親戚も少ない上に一定額以上は貯金を余儀なくされます。そんな中、唯一自分が欲しいものをねだることができるのがクリスマスでした。

とはいえ、クリスマスプレゼントはサンタが持ってきてくれるものであり、小学生の高学年にもなって、すでにサンタなど実在しなく親が枕元に置いていくとわかっていても、親側の気持ちを汲んで、信じている風を演じる、実に素晴らしい子どもでした。しかし、当時流行ったタミヤのラジコンや任天堂のファミコンは、お願いしてもきたことはなく、安物のラジコンや、単機能の学習用コンピュータに少しのおまけ程度のゲームがついているものなど、ことごとく子どものいたいけな心を踏み躙るものでした。6年生のクリスマス、これが最後かと思い、水内少年はタミヤのラジコン「ホーネット」の新聞広告の切り抜きをしっかり見えるように枕元に置き眠りにつきます。もちろんそれまでも、親には日夜「このラジコンが欲しい」とPRに抜かりありません。そして迎えた25日朝。枕元にあるのはとうていラジコンが入っているとは思えない小ぶりの箱。中を開けると、なんと「百人一首」。サンタクロースってフィンランド人だよね??　この時ばかりはさすがに教師の子どもに生まれたことを恨み、グレようかとさえ思いました。その百人一首で年明けて親戚一同、カルタ大会を楽しみましたが。ちなみに今でもその百人一首は、第10講義に書いたように、大学での心理相談室で大活躍しています。

図は「**ストレンジストーリー**」というものです。

ストレンジストーリー

父親が娘にプレゼントをあげているけども、それは本当に欲しかったうさぎではなく図鑑だったという（どこかで聞いたような笑）展開ですが、ここで、①娘が「ありがとう、うれしい」と言った気持ちは本当か？　②なぜ、娘はそう言ったのか？　という2つの質問をします。定型発達者であれば、①は本当ではないが、②としては本当のこと、つまり「こんなの欲しくなんかない」と言ったら、せっかくプレゼントを準備してくれた父親に申し訳ないから、というような回答をするでしょう。しかし、私が小学生〜大人までの知的な遅れのないASD者に実施したところ、定型発達者と同様に回答した人もいましたが、中には、①本当、②本物のうさぎだと餌代がかかるからとか、①本当、②これはうさぎの図鑑だったから、など本質的ではない回答をする人もかなりいました。またこの絵に憤慨される方もおり、その理由は、娘のためのプレゼントなのに、持ってきた父親が自らそれを開封しているのがおかしい、というものでした。そもそも日本人はいただいたプレゼントをその場で開けること自体しないことからすれば、この指摘はあながち間違いではないかもしれません。ユニークな着眼点に感心しました。

## あげたら喜ばれる!?

発達心理学の有名な研究では、「ここからあなたのお父さんへの誕生日プレゼントを選ぶことにしましょう」と準備した、ぬいぐるみ、車のおもちゃ、靴下、本を3～6歳児に見せたところ、3歳児のほとんどは自分のほしいもの（ぬいぐるみ、車のおもちゃ）を選ぶのに対し、6歳児の多くは相手である大人が喜ぶであろうものを選ぶということを示しています。イギリスの心理学者**バロン＝コーエン**らの「**心の理論**」に関する**サリー・アン課題**に代表される**一次的誤信念課題**を通過できるようになるのも、だいたい4歳後半ぐらいからです。これらは、他者には自分とは

サリーがお人形をかごにしまって部屋を出ました。
サリーがいない間に、アンが部屋に来て、かごから人形を出して遊びました。
アンは人形を箱の中にしまって部屋を出ました。
人形で遊ぼうと部屋に戻ったサリーは、どこを探すでしょう。

サリー・アン課題

違う心があることに気づき、また他者の視点に立って考えようとする心のはたらきは、定型発達児であれば、幼児期の終わりごろから発達してくることを意味します。他方、同条件でＡＳＤ児の8割はサリー・アン課題が通過できなかったことからも、心の理論の獲得の難しさがＡＳＤ者の社会・コミュニケーションの障害の原因仮説の一つとされています。

写真は大学の心理相談室で、ＡＳＤのある小学5年生に私が行った、他者視点に立って何をプレゼントされたらうれしいかを考え、チラシから選んで切り抜いて貼る課題です。彼はお母さんに、コーヒー、洗濯洗剤、ヨーグルトを選びました（それに加えてさりげなく自分の好きな「虫」に関係する殺虫剤とハエたたきを選んだのはご愛嬌です）。またそれらのアイテムをプレゼントとして選んだ理由として「（お母さんが）やさしいから。よろこんでくれると思うし、

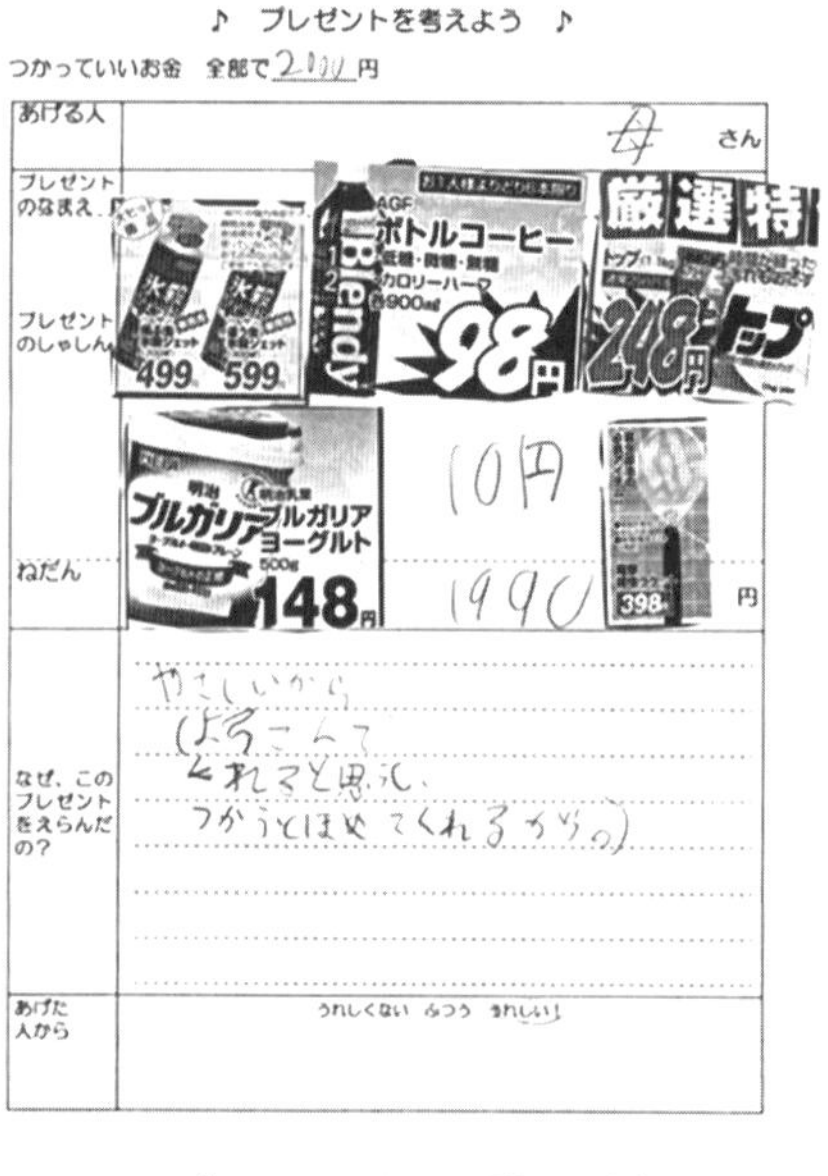


プレゼントゲーム課題の例

使うとほめてくれるから」と書いています。このように日常の**自然な生活文脈**の中で、まずは一番身近にいる他者（≒家族）について、楽しい課題の中で、他者視点に立って考えることをていねいに指導していく、これは簡単ではないけれども、とても大切なことと考えます。

## クリスマスを楽しむことのススメ

私たちは、誕生日や趣味嗜好といった他者に付随する属性などの各種情報について、ＡＳＤ者がどの程度理解しているのかを明らかにするために、知的障害を伴うＡＳＤ群、知的障害を伴わないＡＳＤ群、（ＡＳＤではない）知的障害群、定型発達群の４群（各群12〜31名）に対して、同居家族の名前、旧姓、年齢、誕生日、職業／学校名、好きな食べ物、嫌いな食べ物、欲しいものについて、どの程度理解しているか調査をし、理解度得点を比較しました。[17] その

結果、「好きな食べ物」「嫌いな食べ物」「欲しいもの」の3つの項目に関しては、知的障害群ではなく、知的障害を伴うＡＳＤ群が他の3群に比べて、理解度得点の平均が低い傾向を示す結果でした。他者の「好きな食べ物を知っていること」や「欲しいものを知っていること」は、とりわけコミュニケーションを円滑にする上で有益ですが、この部分の理解において、特に知的障害を伴うＡＳＤ者は難しさがあることがうかがえます。

このような他者の属性に興味をもちにくい（関心がない）特性のある知的障害を伴うＡＳＤ児・者に対しては、幼少期から自然な生活文脈の中で家族構成や誕生日、趣味嗜好などの属性について関心をもち、理解することができるような機会、例えば家庭や保育所などでの「誕生日会」や「クリスマス会」などといった「他者を意識する機会」を意図的に提供し（行事に賛否もありますが）、情動的交流を育む契機とすることも大切だと感じます。

筆者の子どもも全員思春期を迎え、サンタクロースをファンタジーの世界で楽しむことがなくなったのは少し寂しいですが、クリスマスツリーを出し、ケーキを囲んで家族で集まり話をする、そんな機会があることに幸せを感じるのです。ちなみに、私自身は自分の子どもたちのオーダー通りのプレゼントを提供してきたことは言うまでもありません。

調べてみよう
考えてみよう
やってみよう

1. 心の理論とASDとの関連について調べてみましょう。
2. サンタクロースを何歳まで信じていたか、話し合ってみましょう。また、ファンタジーを楽しむ幼児期の心性の発達について調べてみましょう。
3. 季節や風習に関する行事、家族の記念日のイベントなど、日常の自然な生活文脈を意識して教育や発達支援を行うことの意義について、仮想事例をイメージしながら話し合ってみましょう。

17　成田泉（2018）自閉症スペクトラム障害のある成人が捉える家族に対する理解と認識に関する研究．富山大学大学院人間発達科学研究科修士論文．水内研究室．未刊行．

第20講義

年賀状×障害

# 通信手段ほど人間っぽいものはない

## 年賀状を発送するためにデジタルを駆使

仕事納めも終え、年の瀬になってバタバタとすること、それは年賀状づくり。小学生の頃はプリントゴッコで作成するのが楽しかったものです。今は表面も裏面もパソコンどころかスマホで作成し、ネットで注文するか、少量なら近所のコンビニでもプリントできるので、便利になったものです。私はそれだけでは味気ないので、必ず一筆添えるようにしています。

年末になると年賀状を送るためにデジタルツールであるＬＩＮＥやメールで相手の住所を尋ねるというのがなんとも恥ずかしいです。最近では、「年賀状じまい」をされる方も増えてきていますね。私たちの生活様式の変化はこうしたところにも出てきています。

## 「元気ですか？」は社交辞令

私は、岡山に住んでいた大学時代、小学生特別支援学級に在籍していたASDのあるAくんの家庭教師をしていました。広島の大学院に進学したことで、その後直接の関わりは途絶えましたが、その頃より今日まで、年に一度の年賀状をやりとりしています。

はじめてAくんに年賀状を書いた元旦、私の元にAくんから「水内先生、ぼくは元気です！」と電話がかかってきたことは今でも忘れられません。そう、確かに私は「元気ですか？また今年もがんばりましょうね」的なことを書きました。こうした慣例表現に対し字義通りに反応したAくんとの交流を通して、ASD児・者に関心を強くしたのでした。彼からの年賀状は、彼の近況を知る唯一の手段として、今でもとても楽しみなのです。

Aくんが中学生になった年の年賀状から、添えられた言葉を、このたび本人から許可を得たので、順に見てみましょう。

「僕は、13歳になったところです。今年は、中学2年生になってもがんばります」「○○中の2年生です。水内お兄ちゃんみたいなりっぱなお兄ちゃんになりたいです。」「もう中学生になって、あっという間に卒業です。僕は今年の誕生日に新車自転車を買いました。」「また会いましょう！

僕は今高校1年生だけど、今年春、先輩になる。」「これからも頑張った1年でいくようにしたいです。」「僕は今年4月から社会人です。これからは、ますます寒くなるので、お体にお気をつけて下さい。」と社会人になる年の年賀状を読んで、私はドキドキしたものです。

そしてその翌年の年賀状の「今年も幸せになりますように祈っています。資源ゴミの選別の仕事をしています。給料をもらっています。」には思わず涙しました。成長し先輩となったり、卒業し社会人として自負を持ち、しっかりと生活している彼の幸せを、私も強く祈っています。

## 従来型情報モラル教育の限界

はがきや手紙、電話、FAX、メール、SNS、電報、そして今だとZoomのような遠隔会議ツール、他にも通信メディア、まだありますかね。糸電話？ 実は富山県の「富岩運河環水公園」には全長58mの糸電話があるのですが、ここは愛の告白スポットになっているそうです。ぜひググってみてください。

さまざまなメディアのうち、電報は今では入学式や卒業式を引き立てるための小道具化している感が否めません。FAXも衰退したと思う人も多いでしょう。しかし聴覚障害者の中にはまだ通信手段として活用されている方もいます。

知的障害や発達障害のある子どもや大人の中には、こうした通信手段を適切に使うという点で困難を抱える人もいます。それぞれのメディアの機能だけでなく、それを用いる際に相応しいマナーや態度をわきまえることが大切になってきます。たとえば、私のよく知る30代のＡＳＤのＢさんは、見聞きした情報の記憶能力がずば抜けています。**余暇サークル**で関わった大学生に誕生日や携帯電話番号を聞いた彼は、それを完全に記憶しています。そして特に異性の学生に対して四六時中、頻回に電話をかけることが問題となりました。Ｂさんのご家族も強制的に彼のスマートフォンの電話帳を削除しましたが、彼の頭の中には何件もの電話番号がしっかり記憶されているので、その**行動問題**は終わりません。学生たちには着信拒否設定をしてもらいましたが、この事態を申し訳なく思ったＢさんのご家族の方が厳しく叱り、スマホを解約し、この余暇サークルからＢさんを辞めさせてしまいました。もう少しできることがなかったかと、今でも後悔が残ります。

現在、特別支援学校に通う知的障害や発達障害のある生徒の多くがスマホなどの情報端末を所持し使用しています。しかし、Ｂさんの事例のように、彼らが抱えるＩＣＴ機器活用上の問題も決して少なくはなく、障害の特性に起因するマナー理解の不足や騙されやすさ、それらに基づくトラブルについての報告や相談も多数寄せられます。

こうした問題への解決として、特別支援学校でも、従来より**情報モラル教育**が実践されています。しかし、トラブルへの対処を想定した**ソーシャルスキルトレーニング**のような指導や、本人のやりたい気持ちに対して「スマホ依存は悪」という価値を押し付け、制限ばかりを強要することに終始しているのが現状です。子どもたちはPCやスマホを使うスキルがあり、また様々なことに使いたいという欲求をもっているものの、保護者からは「寝た子を起こしたくない」という理由のために過剰ともいえる**ペアレンタルコントロール**がかけられることもしばしばあります。またスマホの機能を使用するスキルはあっても、**心の理論**の獲得の難しさやコミュニケーションの困難さなどの障害特性に起因した社会生活上のマナーやモラルの習得の難しさからトラブルに派生することも少なくありません。このように、技術革新によりICTの操作が今後ますます容易になっていく反面、その操作の結果生じるであろう影響、特にネガティブな影響への予測は、もはや本人はもとより保護者も教師も不可能ですし、それを憂慮しすぎるとますます使用させにくくなります。

## デジタル・シティズンシップ教育への転換

近年注目されている**デジタル・シティズンシップ教育**は、従来型の他律的で抑制的な方法での

通信手段ほど人間っぽいものはない

情報モラル教育とは異なり、使用する権利の行使者であることを尊重したポジティブな考え方に基づいています。加速化していく情報化社会に生きる障害のある子どもたちに対し、情報アクセスへの真の機会の平等を考える上で、幼少期から障害特性に応じてどのようにして情報活用能力を習得していけば良いのか、デジタル・シティズンシップという視点から学校段階からの教育や情報保障のあり方の検討が求められています。**GIGAスクール構想**に伴う1人1台端末が学習者の文具として真価を発揮するためにも、障害のある子どもにおけるデジタル・シティズンシップ教育の実践の積み上げと普及は急務の課題と言えるでしょう。

私と共同研究者は、知的障害特別支援学校をフィールドに、知的障害のある子どもとその家族にとってのデジタル・シティズンシップ教育のあり方を探求して、実践研究を行っています。たとえばある授業回では、家族、友達、知らない人に対し、名前、生年月日、電話番号、好きな食べ物などを教えていいか、単に良い悪いという知識ではなく、教えてはダメな理由、さらには教えてはダメなものを教えてしまうことにはどのようなリスクがあるかまでを考えながら学習しています。その際、そもそも友達という概念が生徒によりまちまちであったり、具体的ではない「知らない人」への想像力に限界があるなど、障害特性に依拠する難しさに対応し、かつ、いかに本人の**自然な生活文脈**に沿った学習とできるかが重要です。

## 年賀状の温かさ

デジタルの話から一転、知的障害のある方たちは、年賀状をもらうこともですが、同年齢の子どもたちには頼んでもないのに毎月のように送られてくるマンガやシールが入って子ども心にちょっとうれしい「〇〇ゼミ」のようなＤＭですら、ほとんど届きません。つまり圧倒的に、自分宛に郵便物が届くという経験が少ないのです。そうしたこともあって、私が行う親子サークルや成人の余暇サークルでは、お便りはあえて印刷した手紙を、時代遅れかもしれませんが、返信ハガキを添えて郵送することにこだわっています。

彼らからの文字の形やイラストがとても個性的で、また私のことを思いながら書いてくれたことがとても伝わる年賀状が毎年届くのが楽しみなので、私の年賀状じまいは、しばらくはなさそうです。

## 通信手段ほど人間っぽいものはない

調べてみよう
考えてみよう
やってみよう

1. さまざまな通信手段のメリットとデメリットについて考えてみましょう。

2. 情報モラル教育とデジタル・シティズンシップ教育の特徴について、整理してまとめてみましょう。

3. Society5.0に向かうにつれ、発達障害や知的障害のある人に起きるかもしれないネガティブな影響とその解決策について、話し合ってみましょう。

第21講義

資格×障害

# 制度のバリアフリーについて考える

## 障害のある受験生への特別措置

年明け早々全国の大学教員がする仕事、それは**大学入学共通テスト**（旧大学入試センター試験）の監督業務です。受験生が受験会場において不安なく試験に臨み、勉強の成果を遺憾無く発揮してもらうための裏方の仕事です。この共通テストでは、今日、なんらかの障害のある受験生が、**特別措置**のもとで受験することもめずらしくありません。特別措置には以下のようなものがあります。（傍線は発達障害者のための措置）

試験時間の延長（1.3倍、1.5倍）
試験室を1階またはエレベーターが利用可能な試験室に設定
洋式トイレまたは障害者用トイレに近い試験室を設定

座席を、前列、出入口近く、窓際に設定
別室での受験
点字または文字解答用紙の使用
代筆解答、マークシートに代わるチェック解答
拡大文字（14ポイント・22ポイント）問題冊子の配布
照明器具、拡大器具の配置
手話通訳者、介添者の配置
試験室入り口までの付添者の同伴
注意事項等の文書による伝達
別室でCDラジカセによるリスニング受験
リスニング試験の免除

発達障害者に対する特別措置は比較的最近のことであり2011年1月実施のセンター試験から取り入れられました。事前に受験上の配慮申請書、診断書、高等学校までにどのような配慮を受けてきたのかがわかる状況報告書の3点の提出が必要であり、それが認められて初めて特別措

置が受けられます。

こうした受験上の特別措置は、**バリアフリー**の流れの中で生まれたものです。バリアフリーとは障壁（バリア）を取り除く（フリー）ということです。障害のある人を取り巻くバリアには大きく4つがあります。

①**物理的なバリア**　車いす使用者等の通行を妨げる障害物、段差等の障壁
②**制度的なバリア**　障害があることを理由に資格・免許等の付与を制限したり入学や就職の試験において制限する等の障壁
③**文化・情報面でのバリア**　音声案内、点字、手話通訳、字幕放送の欠如等による障壁
④**心理的なバリア**　心ない言葉や視線、障害者を庇護すべき存在としてとらえる等の意識上の障壁

ちなみに2022年12月に文部科学省は「高等学校入学者選抜における受検上の配慮に関する参考資料」を示していますのでこちらもご覧下さい。

## 見直されてきた「欠格条項」

このうち「制度的なバリア」については、2000年前後に国が定める63の資格・免許にあっ

た障害者に係る**欠格条項**について見直しがなされました。これは身体や精神の障害があることを理由に資格・免許等を与えることを制限・禁止したり、特定の業務への従事や公共的なサービス利用等を制限・禁止したりすることを定めた法令の規定のことです。

たとえばかつての医師法では、「目が見えない者、耳が聞こえない者、口がきけない者には免許を与えない」という**絶対的欠格条項**がありました。また「精神病者には免許を与えないことがある」とする精神障害者に対する**相対的欠格条項**が設けられていました。これらは、現在の医学や科学技術の進歩、諸外国の状況、社会環境の変化を踏まえ、制度の趣旨に照らしてその必要性を再検討し、必要性の薄いものは廃止、また合理的に障害を理由として制限または禁止をせざるを得ないものについては、「真に必要と認められるもの」として具体的な対処をするよう見直しがなされました。これにより先の医師法で言えば、「心身の障害により医師の業務を適正に行うことができない者として厚生労働省令で定めるもの」には免許を与えないことがあるとし、医師法施行規則にて具体的に「視覚、聴覚、音声機能若しくは言語機能又は精神の機能の障害により医師の業務を適正に行うに当たって必要な認知、判断及び意思疎通を適切に行うことができない者」とする業務遂行能力に応じた規定を示しました。また２００２年には特例受験が開始され、例えば視覚障害者も点字と音訳で医師国家試験の受験が可能となり、現在医師として活躍する人もいます。

このような見直しを受けてもなお、医師法、国家公務員法、自衛隊法など187の法律に、**成年後見制度**の利用者はその職に就くことを認めないとした欠格条項が残っていましたが、これを一括削除する法案が2019年6月に成立しました。しかし今度はそれにかわって「精神の機能の障害」を欠格事項として設定する法令が2016年には75だったものが2020年には257と急増しており[18]、制度的なバリアの除去にはまだまだ課題が残ります。

## 知的障害のある人も英検にトライ！

ところで、発達障害のある人の所持する免許・資格として比較的多いものに、**自動車運転免許**、調理師、介護福祉士、ホームヘルパーなどがあります[19]。このうち運転免許の保有率は調査回答者の39・7％と最も高くなっています。しかし18歳以上の人口に対する運転免許保有率は2019年で74・8％ですから、必ずしも高いとは言えません。2005年1月の警察庁の通達により、学科試験問題の作成においては問題のすべての漢字に振り仮名を付けることになりました。しかし不注意や衝動性、不器用さがあってマークシートがうまく塗りつぶせないという発達障害者の困りに対し、共通テストにはあるチェック解答は運転免許の試験には未対応です。

私の知る発達障害者には、バリスタやラテアートの資格を取得してカフェで働く人もいますし、２０２２年12月より国家資格化されたドローン操縦が得意な人もいます。また知的障害を伴うＡＳＤのある40代の知人は最近になって英語に目覚め、英検にトライしています。英検には、障害者への様々な受験上の配慮があることを私は彼女から初めて知りました。本人の好みや得意を生かして、社会参加につながる免許・資格試験において**合理的配慮**と、取得に向けた個に応じた適切な支援とが望まれます（運転免許教習における支援については次の第22講義で述べます）。他方、「ガンダム検定」や「ねこ検定」などの趣味系の資格も、一目おかれるので自己肯定感を高める上でもオススメです。

　ちなみに私が所持する免許・資格は、幼・小・養護学校教諭免許（現在の特別支援学校教諭

免許)、公認心理師資格、保育士資格など。専門以外では電話級アマチュア無線技士(現在の第4級アマチュア無線技士)や普通自動車運転免許、国内競技運転者許可証A(通称A級ライセンス)。自動車レースに必要なA級ライセンスは、私が現在障害者の運転免許取得における合理的配慮を研究する根源的な動機に関わるものなので、いわば専門資格とも言えるかもしれませんね。電話級アマチュア無線技士は生涯有効の国家資格のため、免許証の写真は取得時の小学4年生のいがぐり頭の当時の少年のまま! スマホの普及とともにアマチュア無線の活躍の機会もなくなりました。免許や資格のあり方も、時代の変化やそれに伴う**障害観**の変化に合わせてブラッシュアップしていく必要があるでしょう。

調べてみよう
考えてみよう
やってみよう

1. すでに取得している、あるいはこれから取得したいと思う免許や資格における欠格条項について過去と現在を含め調べてみましょう。

2. 成年後見制度について調べてみましょう。この制度のメリットと課題について整理しましょう。

3. 4つのバリアについて身近にある具体的な例を考えてみましょう。またそれを取り除くための方策についてグループで話し合ってみましょう。

18　障害者欠格条項をなくす会事務局（2020）障害者にかかわる欠格条項のある法令数の推移．https://www.dpi-japan.org/friend/restrict/shiryo/data/index.html
19　全国LD親の会（2017）教育から就業への移行実態調査報告書Ⅳ．

第22講義

運転×障害

# 運転免許取得のための教習生活の合理的配慮

## アイデンティティとしての運転免許

知的障害や発達障害があっても、**自動車運転免許**（以下、運転免許）を取得することはできます（てんかんなどがあり医師の許可が必要な場合を除く）。

運転免許を取得するということは、単に車を運転するためのみならず、「免許そのもの」が本人の**アイデンティティ**に大きな意味をなします。就職の幅も広がるかもしれません。また、たとえば、お店で会員証を作るときに身分証明書の提示を求められますが、その際、療育手帳などの**障害者手帳**を出して身分証明とするよりも、運転免許証を示したいと考えている知的障害や発達障害のある方が圧倒的に多いということも、皆さんには知っていただきたいことです。

ここでは、運転免許取得という点で、**合理的配慮**を提供する自動車教習所のすばらしい試み「つばさプラン」を紹介します。

## 鹿沼自動車教習所「つばさプラン」の取り組み

私は、2016年度より、運転免許取得にかかる**基礎的環境整備**や合理的配慮のあり方の検討として、一般社団法人全日本指定自動車教習所協会連合会の調査研究委員会（委員長：梅永雄二早稲田大学教授）の委員として、「発達障害者の教習支援マニュアル」（非売品）の作成に協力しました。現在、このマニュアルを元に、全国に1240校（2021年12月末現在）ある指定自動車教習所の指導員を対象に、毎年1回、都内にて、発達障害者の運転教習について3日間の研修会が実施されており、私も研修の一部を講師として担当しています。

このマニュアルならびに研修会は、すべての指導員に知っておいてもらいたいことで、今からすぐに取り組んで欲しい支援の工夫、またどこの教習所でも取り組んで欲しい基礎的環境整備のあり方が中心となっています。

それと並行して、より発達障害・知的障害者の教習に特化した合理的配慮のあり方を探求するため、栃木県にある株式会社鹿沼自動車教習所の「つばさプラン」事業に協力してきました。

この鹿沼自動車教習所では、「コーディネーター」と呼ばれる対人援助のプロであり、かつ教習指導員の資格を持つ、つばさプランの専属スタッフたちが中心となって、これまでに発達障害・

知的障害のある方436名を受け入れ、その9割以上に免許を取得させることができました(2022年12月末現在)。

その中で、単に知的機能(IQ)という点で見れば、IQは50台でも取得可能なケースはあり、むしろIQではなく、彼らの障害特性に応じたていねいなオーダーメイドの支援次第で可能性が大きく開けるということがわかってきました。

## 「つばさプラン」で行う支援の内容の例

※詳しくは「つばさプラン」のホームページをご覧ください。

〈学科教習支援〉

・コーディネーターが学科教習に同席します。

・コーディネーターは教室の後ろのほうの席に座ります。指導員の説明に合わせてページが開けないときには声をかけるなど、様子を見守ります。一人で教室に入ることが不安な方も、コーディネーターが付き添うことで、安心して学科教習を受講できるようにサポートします。

〈技能教習支援〉

・コーディネーターが技能教習に同乗します。
・技能教習時に、後部座席に同乗して様子を見守ります。教習中に指導員から説明された内容やアドバイスなどを「アドバイスシート」という紙に書いて教習生にお渡しします。
・今日の運転のポイントや次回練習する時はどういったことに注意したらよいか、視覚的にわかりやすく説明します。

〈勉強支援〉
・コーディネーターが1対1で個別の学習指導を行います。
・絵や図、車の模型などを使って、視覚的にわかりやすく説明します。普段からかかわっているコーディネーターが担当するため、気軽に質問ができます。教習生の理解度に合わせて丁寧に説明します。

☆特性に応じた工夫
・ASDのある方は、技能教習で得た知識を学科に結びつけることが苦手なため、運転時の様子を説明しながら解説していきます。安全に対する意識や交通マナーについても教えます。
・ADHDのある方には、集中力に配慮し、10分ずつ教えるなど時間設定の工夫をしています。

・ＬＤのある方には、コーディネーターが問題を読み上げて一緒に学習していきます。
・軽度知的障害のある方には、専門用語や「〜しなければならない」などといった文章表現について、言葉の意味をわかりやすく説明しながら学習を進めていきます。

〈教習生活サポート〉

・送迎予約や提出物の確認、体調に合わせたスケジュールの変更や調整など、日々の生活の中で困ったことがないか声かけを行います。
・コーディネーターは相談係ですので、わからないことは、何でもコーディネーターにご相談ください。
・ロビーなどで過ごすことが苦手な方は個室が利用できます。

## 「運転免許つばさプラン」全国研究会の取り組み

２０１８年度からは、これまで私たちが開発してきた支援のノウハウを元に「つばさプラン」は全国展開を始めました。２０２２年12月現在、全国の17の自動車教習所において「つばさプラン」を導入し、発達障害・知的障害者の運転教習の合理的配慮を提供しています。

## 「あたりまえへのアクセス」としての運転免許取得

発達障害・知的障害のある方やその家族が、働く、暮らす、遊ぶという「あたりまえへのアクセス」において、とりわけ運転免許取得ニーズは高く、また自己実現において必要不可欠です。また「運転免許取得＝運転する」でなくてもよい方もいます。にも関わらず、保護者、学校の先生、福祉関係の支援者たちも、エビデンスなく取得できないと思い込んではいないでしょうか？

熊本県の特別支援学校では、本人にとって免許取得が自立と社会生活において必要である場合には、特別支援学校在籍時より教習所に通うことが学校の教育時数の中で認められています。しかし、そうしたことが認められていない地域も少なくありません。

「あたりまえへのアクセス」の阻害要因にも促進要因にも、支援機関や保護者までもがなりえてしまうことをよく考えなければなりません。本人が運転免許を取得したい、と思った時に、関係者は、まずは思いをしっかり受け止め、簡単に可否判断をするのではなく、ぜひ、鹿沼自動車教習所にご相談されることをお勧めします。スタッフがしっかり対応してくれること受け合いです。

## 私がつばさプランをサポートする理由

私自身、「クルマ」が大好きで、学生時代は、単に移動の手段ではなく完全なる趣味の対象で、当時B級ライセンス（現在はA級ライセンス）を取り、すべて自分でブレーキパッド交換や内装剥がし、そして6点式ロールバーの取り付けまでして、ジムカーナなどの競技にも出ていました。「クルマ」を意のままに操ることはとても楽しいものでした（競技車両の遍歴は、GA2、EG6、CJ4A、CT9A、現在はZN6です）。

それと同時に、自分の研究の対象でもある知的障害や発達障害のある方の場合は、車が大好きで運転をしたいと思っても、免許取得という点で少なからず壁があって断念されているケースも多々みてきました。

実は大学院生の時に、自分がもし大学の教員になったときには、彼らにも運転する喜びを提供するようなボランティア・社会活動をしたいと思い、自前で中古のレーシングカートを5万円で買って準備しました。レーシングカートなら公道ではなくサーキットで走るのでライセンスはいらないし、F1ドライバーだったセナもプロストもカートから始まったように本格的な運転を楽しむことができます。ただ、残念ながらそのカートは今でも遠く離れた岡山県の実家の片隅で埃をかぶったまま日の目を見ていません（涙）。

ですから、この「つばさプラン」のプロジェクトに参画させていただくことになったとき、まさにこれは私の専門領域と趣味領域とを活かせる運命のような機会だと思いました。前々からの夢であった知的障害・発達障害のある方の「あたりまえへのアクセス」の一つ―運転免許取得―に、このような形で関わらせていただけることに、私はとても喜びを感じています。

## モータリゼーション全体における合理的配慮の流れへ

はじめに述べたように、運転免許を取得する、ということは、単に車を運転するためのみならず、「免許証そのもの」が本人のアイデンティティに大きな意味をなします。本来は取得できる可能性のある知的障害・発達障害のある方々がその興味や思いを尊重され、特性やニーズに応じた自動車学校での教習のあり様がよくなり、普通免許試験のあり方、そして運転制御などの自動車の技術革新や自動車保険の拡充など、モータリゼーションの流れ全体において合理的配慮がすすめられることが期待されます。

車がMTからATに変化したように、10年後も今と同じ操作方式や形状であるとは思えません。それに伴い交通環境や道路交通法なども変わっていくでしょう。

そうした時代の要請に合わせつつ、まずはこの先進的取り組みである「つばさプラン」の成功を、私のできる立場から精一杯サポートさせていただきます。

ドライビング・プレジャーを、発達障害・知的障害のある人たちに！

運転免許取得のための教習生活の合理的配慮

**調べてみよう
考えてみよう
やってみよう**

1. 自動車メーカーの運転支援技術の進化にはさまざまなものがあります。実際に販売店などに行って調べてみましょう。
2. 全国つばさプラン加盟校と、それ以外の教習所において、障害のある人の運転免許取得に関する合理的配慮の提供のあり方について調べてみましょう。
3. 運転免許に限らず制度が時代と合わなくなってきているものにはどのようなものがあるか、考えてみましょう。

第23講義

成年×障害

# 民主国家としてあたりまえのこと

## 特別支援学校での主権者教育

成年年齢を20歳から18歳に引き下げること等を内容とした「民法の一部を改正する法律」が、2022年4月1日から施行されました。しかし**成人式**については引き続き20歳を対象に行う自治体が多いそうです。親の同意を得なくてもローンやクレジットカードなどさまざまな契約が18歳でできるようになりますが、飲酒や喫煙、公営競技（競馬、競輪など）などはこれまでどおり20歳未満は禁止されます。少年法も改正され、18・19歳の者が罪を犯した場合には、その立場に応じた取扱いとする「特定少年」として、実名・写真報道が解禁されるなど、17歳以下の少年とは異なる特例を定めています。

これより先に、2015年6月の公職選挙法等の一部を改正する法律の成立により、選挙権年齢は満18歳に引き下げられたことから、全国の特別支援学校においてもより卒業後の地域生活を

民主国家としてあたりまえのこと

意識した**主権者教育**が進められています。特別支援学校在校生にとって、学校で学習した選挙に関する知識を実際の投票時に活用し、卒業後も配慮や支援のもと安心して積極的に選挙権を行使できるようになることが望まれます。少し前の調査になりますが、私は2016年に、視覚・聴覚・肢体不自由・病弱の特別支援学校における主権者教育の現状についてのアンケート調査を全国の特別支援学校を対象に実施しました。[20] ここで有効回答142校の分析結果を見てみましょう。

主権者教育を行っている学校は127校（89・4％）であり、費やす総時間数は「年間2～5時間」が105校（82・7％）でした。

主権者教育の指導内容については、「選挙の意味や役割について知る」「選挙のルールを知る」「選挙の種類を知る」などの公職選挙法や選挙の具体的な仕組みに関する内容が101校（79・5％）と多く、「投票の方法・流れを知る」「投票時の投票のマナーや対処法を学ぶ」「投票の演説を聞いて模擬投票所で投票する」などの実践的な内容は65校（51・2％）、「現実の政治的事象についての話し合い活動」に関する内容は60校（47・2％）でした。使用教材については、「実際の投票箱や記載台を選挙管理委員会より借用」が48校（37・8％）、「副教材」が41校（32・3％）、「教師作成による疑似投票箱や投票用紙」26校（20・5％）でした。

主権者教育の充実や実際の選挙に向けて国や自治体に望むことでは、「実際の選挙（投票）において、障害の状況に応じた対応の仕組みが整うと良い」が83校（58・5％）、次いで「障害者用の選挙の授業用テキストがあると良い」が73校（51・4％）、「自治体などによる貸出用道具キット（記載台、投票箱など）を気軽に活用できると良い」61校（43・0％）、「選挙の公平性の確保から、取り扱うべき内容や取扱いに注意を要する内容を示された資料があると良い」60校（42・3％）でした。

## せっかくの点字投票にも課題が

先の知的障害を除く特別支援学校へのアンケート調査からもわかるように、障害のある人に対しては、投票意欲の醸成（主権者教育、模擬投票、制度の情報提供など）、投票候補の選定（平易な表現による選挙公報や政権放送、意思決定支援）、投票行為（投票所への移動、投票方法や代理投票に関する平易な説明、新規の場所に対するパニックへの対応など）

という投票プロセスの各部において、障害特性に応じた支援が求められます。知的障害者にあっては、このプロセスすべてにおける適切な支援が重要となります。

東京都狛江市は、特に発達障害・知的障害者への投票支援を先進的に進めている自治体として注目されています。例えば市内の障害者支援施設では、身近なテーマで模擬投票を行っているほか、市民団体と協力して『わかりやすい主権者教育の手引き』を発行する等、発達障害・知的障害者の状況に応じた主権者教育に係る取組を実施しています。[21]

ところで、視覚障害者はどうでしょう。日本は、1925年の選挙法改正により**点字投票**が認められた、実は世界で初めて点字投票を実施した国です。しかし2021年の衆議院選挙では、ある選挙区において氏名の読み方が同じ候補者がいたことで問題が生じました。視覚障害者の点字投票では、氏名の読みを点字で記すため、このようなケースでは区別がつきません。投票先が特定できない有効票は各候補の得票割合に応じて案分されてしまうため、民意を反映しているとは言い難いです。公職選挙法では、候補の氏名以外の内容を記した票は無効票ですが、「職業、身分、住所、敬称の類」は例外で無効にならないことから、当該地域の視覚障害者協会は候補の職業や住所を添えて区別するか、現地スタッフによる代理投票をするよう呼び掛けたそうです。こうした配慮の注意喚起を自治体が行うことは特定の候補を利することになるため現状ではNG

ですが、改善されるべき課題と考えます。

選挙年齢だけでなく、成年年齢を引き下げるということは、障害のある子、とりわけ生活年齢を重ねるなかで自ずと社会的ルールや規範を学ぶことが苦手で、教えなければ身につきにくい、また教えても定着しづらい特徴のある知的障害児には、卒業後の生活を見据えるとあまり猶予ない高等部段階（あるいはそれよりも前から）において、学習指導要領には明示化されていないけれど生きる上で大切なことを学ぶ必要性を意味します。

富山県では、**国際障害者年**の１９８１年、特別支援学校のＰＴＡから「わが子を成人式に出させてあげたい」という声をきっかけに、県障害者（児）団体連絡協議会の主催により毎年「障害者の成人を励まし祝う会」という、視覚や聴覚に障害のある方、人工呼吸器をつけた重度の寝たきりの方まで、特別支援学校卒業生全員を対象とした会を開催しています（コロナ禍中の年度は、式典は中止）。

私は毎年参列させていただいていますが、私が心理相談や生活支援などでよく知っている人も、この日は晴れやかなスーツや着物を着て、それはそれはとてもうれしそうです。実は富山大学に赴任した20年ほど前には、このような会があることこそが地域の成人式に出られない状況の表れであり、**インクルーシブ社会**の未成熟さを示しているとして疑問をもったものです。しかし今では富山にこうした会が40年間続いていることを素晴らしいことと思います。
成年年齢が18歳であれ20歳であれ、それ以降を生きる年月の方が長い彼らが、日本国憲法に定められる基本的人権を十全に尊重され、幸せに暮らしていけることを、成人の日を迎えるたびに願うのです。

**調べてみよう 考えてみよう やってみよう**

1. あなたの暮らす地域の成人式には、障害のある成人は参加しているでしょうか？ 調べてみましょう。
2. 特別支援学校における主権者教育の取り組みについて調べてみましょう。
3. 少年法における障害のある少年の取り扱いについて調べてみましょう。

20 和田充紀・水内豊和（2017）特別支援学校における主権者教育に関する現状と課題―視覚・聴覚・肢体不自由・病弱の全国特別支援学校を対象とした質問紙調査から―．富山大学人間発達科学部紀要，12（1），67-76．
21 狛江市「狛江市総合的な主権者教育計画（第2期）」https://www.city.komae.tokyo.jp/index.cfm/46,119327,358,3286,html

第24講義

きょうだい×障害

# 兄弟姉妹に障害児がいる子の気持ち

## 不安、恥ずかしさ、罪悪感、孤立…

障害のある人の兄弟姉妹のことは、ひらがなで「**きょうだい**」と表現されます。きょうだいには特有の悩みがあります。[22]

例えば、自分も一緒に生活していたら、同じ障害になるのではないかという心配のような「過剰な同一視」、兄弟姉妹の外見や言動により周囲からじろじろ見られて恥ずかしいという思いをしたり、兄弟姉妹のことを聞かれてどう答えて良いかわからず戸惑ってしまったりする「恥ずかしさ・困惑」、兄弟姉妹の障害の原因が自分にあると考えたり、自分に障害がないことや健康であること、また兄弟姉妹に悪口を言ったりけんかをすることや成人期でも兄弟姉妹の世話をしないことへの「罪悪感」、親が兄弟姉妹にかかりきりになり、親の関心が得られなかったり、病院への付き添いや留守番などにより同年代の友達と遊べなかったり、成人期でも悩みを共有できず、孤立してしまう「孤立・寂しさ」、親が障害のある兄弟姉妹ばかり過保護にする一方で、きょうだいには過剰な要求をすることに怒りを感じたり、成人期においても親が将来のことについてきょうだいを抜きにして考えることに対して感じる「憤り・怒り」、特に弟妹に障害がある場合の女性のきょうだいが弟妹の世話をしたり家の手伝いをすることが多く、過剰な責任感をもちやすい「増える負担」、障害のある兄弟姉妹ができないことも頑張ってやり遂げなければならない、親の期待に添わなければならないという「達成へのプレッシャー」、兄弟姉妹の障害に関することに対して正確な情報が得られず不安になったり、将来兄弟姉妹の面倒を見ていくのか、子どもに遺伝しないかといった不安を抱く「正しい情報の欠如」があります（Meyer & Vadasy, 2008）。「増える負担」や「達成へのプレッシャー」を感じるきょうだいには、最近注目されてきている「**ヤングケアラー**」が重なることも少なくありません。

しかし、これらのすべてがきょうだいに当てはまるわけではありません。抱える悩みや兄弟姉妹の捉え方は、きょうだいの性格や育ってきた環境、ライフステージによっても異なります。

## きょうだい同士で支え合う会

近年、障害のある人がいる家族の中で、きょうだいが着目されるようになりました。それには大きく2つのアプローチがあります。

一つ目は、「**きょうだい支援プログラム**」というサービスです。きょうだいは先述のような不安やストレスを感じやすいという前提に立ち、幼少期からきょうだいだけを集めて、遊びや楽しい体験活動を提供することでその低減を図ろうとするものです。各地の大学の心理相談室や親の会などが提供しています。親ときょうだいのみで参加して楽しい時間と経験の共有を大切にしようとするものや、きょうだい同士でゲームを楽しむものまで様々な内容がみられます。ただし、兄弟姉妹の障害の程度や家族構成は多様であり、きょうだいの体験はそれぞれ異なるものであるため、きょうだいに対するある種画一的な支援の枠組みの提供が絶対必要というわけではありません。プログラムへの参加を決めるのはたいていの場合親ですが、障害児・者のきょうだいであることがすなわち支援の対象になるわけではないことにも留意する必要があります。

二つ目は「**きょうだい会**」という**ピアサポート**サークルです。障害者のきょうだいは、幼い頃から常に兄弟姉妹の存在を意識的にも無意識的にも感じながら生活しています。そして、思春期ごろから意識するウエイトは大きくなります。それは、進学、就職、結婚、そして**親なき後**（第25講義参照）といった**ライフイベント・ライフコース**において顕在化します。そんな時、なかなか身近な**ロールモデル**に出会えることは多くありません。「きょうだい会」はそうした高校生ぐらいから成人を対象に、同じきょうだい同士が自主的・主体的に集い、ピアカウンセリング機能をはたすものになります。今日、ネットを検索すると、各地のきょうだい会の情報が入手できます。また、大学の中にサークルとしてきょうだい会があるところもあります。

## 想像力の引き出しを増やすこと

きょうだい支援プログラムやきょうだい会を必要としていない人ももちろんたくさんいます。私はこれまで多くのきょうだいのお話を聞かせていただきましたが、社会的に適応的な生活を送っているきょうだいたちは、兄弟姉妹に関する悩みやストレスに対して、友人やパートナー、ネットや書籍の情報など、自分に合った形の**ソーシャルサポート**を認識したり活用したりしており、その活用に対しても満足していました。また、活用するソーシャルサポートは、あたりまえですが、きょうだい自身の性格やきょうだいを取り巻く環境、**ライフステージ**によって異なっていました。特徴的だったのは、学校の先生に悩みを相談した人はいなかったということです。他方、小学校の6年間という短くない期間に、兄弟姉妹が同じ学校に通うことで、奇異な目で見られたりいじめられたりとつらい経験をしたきょうだいは少なくありません。先生がソーシャルサポートとなり得ていないこと、これは心理臨床や研究をする私の中でとても大きなテーマです。

看護、福祉、特別支援教育などの対人援助職を志す人の中には、きょうだいの人も割とよくいます。特別支援学校の教員養成をしている私が教えていた大学にも、きょうだいは多数おり、中には苦しかった胸の内を私に打ち明けてくれる学生もいました。そのひとり、大学でのきょうだい会のリーダーも務めるAさんは、きょうだいに向けてこう語ります。

「きょうだいという立場で今まで色んな経験や、思いをしてきたと思います。その経験は誰からも尊重されるべきだと思います。それから、『親の代わりになろう』とは思わなくていいんじゃないかなと思います。代わりになる必要はないし、『なれません！』くらいに思っちゃって大丈夫だと思います。助けてくれる人はたくさんいます。自分のできることを無理のない程度でできたらもうそれだけで十分だと思います。ぜひ、自分の選択、自分の人生を大切にし

てください。」

私たちにできることは、きょうだいが色々な気持ちをもっているのだという「想像力の引き出しを増やすこと」なのだと思うのです。

**調べてみよう**
**考えてみよう**
**やってみよう**

**1.** 自分の住む地域に、どのようなきょうだいを支えるプログラムやピアサポートグループがあるか調べてみましょう。

**2.** きょうだいを題材とした映画「コーダ　あいのうた」を観て、きょうだいや家族の様相の一例について知るとともに、自分にできる配慮や支援について考えてみましょう。

**3.** ヤングケアラーについて調べてみましょう。

22 Meyer, D. & Vadasy, P. (2008) Sibshops: Revised ed. Brooks.

第25講義

親×障害

# 親なき後を考える

## 親なき後への我が子への想い

知的障害のある35歳のAさんは地域の施設で**福祉的就労**をしています。ボウリングがとても得意で、いつもスコアは200近く。土日はマイボールを持参し、**療育手帳**の割引もあって、自分の住む地域だけでなく電車に乗って他県にまで一人遠征しています。**スペシャルオリンピックス**の大会ではいつも上位表彰されていました。

そんなAさんのお母さんに、随分前に聞いたお話です。Aさんは温かい家庭に育まれ、余暇も自由に楽しく過ごしている。でも私たち夫婦に何かあったらこの子は施設に入所することになり、今よりも制限が多く不憫である。私たち夫婦が先に逝ってしまうのは必然なので、その時にはこの子を連れて一緒に死のうと思っているのだ、ということでした。私は否定も肯定もせず、ただ積極的な関心の態度のもと**傾聴**するしかありませんでした。

その数年後にまたお話しした時に、あの時に言っていたことは、今はもう考えていないのです、と笑っておっしゃられました。この気持ちの変化に何があったかはわかりませんが、さらにその数年後、Aさんとご主人を残して、癌で亡くなられました。

## 知的障害者の母親の「親なき後」への意識

多くの場合、子よりも親が先に亡くなります。障害のある子を持つ親にとって、この「**親なき後**」問題は切実です。もちろん障害のない親子においてもこの問題は存在するものの、特に障害のある人は、支援の担い手が親であることも少なくないことや、知的障害がある場合には意思決定に親の代弁的役割の比重が高いこと、障害のある子の自立心が育ちにくいことなどが、親子の共依存関係を強めています。さらには障害者の世話等を親ありきとする社会にある**心理的なバリア**の考え方が親離れ・子離れを難しくさせています。[23]

私たちは、知的障害者の母親の「親なき後」への不安や親離れ子離れとの関係を明らかにするために質問紙を用いた調査を行い、知的障害者の母親の「親なき後」への不安の背景にあると考えられる要因を検討しました。[24]

親の会に所属する成人障害者の母親17人(平均年齢59・8歳、子どもの平均年齢は30・7歳)と、比較対照として一般成人の母親29人（平均年齢59・6歳、子どもの平均年齢は32・8歳）に対し、質問紙調査を行いました。

「親なき後」を想定した子どもの今後について、不安があるかを尋ねたところ、知的障害者母親群は健常者母親群よりも「親なき後」に対して不安を感じている人数は、統計的にみて有意に多い結果となりました。また、親役割診断尺度という心理尺度を用いた結果からは、知的障害者母親群は健常者母親群に比べて、統計的に有意に、①分離不安が高く、②自立促進が低く、③適応援助が高いことが示されました。

続いて、先の質問紙調査に参加した知的障害者の母親のうち8人に対してインタビューを実施し、「親なき後」への思いや考え、親離れ子離れ、「親なき後」への悩み及び不安軽減に繋がると考えられる社会資源や将来を見越した子どもに対する母親の関わり等を尋ねました[25]。インタビュー項目は、自身の子育て及び関わりに関すること、母親・子どもと人を中心とした社会資源との繋がりに関すること、障害年金など公的支援について、「親なき後」を考え始めた時期とそのきっかけに関することです。

その結果、夫や娘・息子（障害児・者の**きょうだい**）や親の会に所属する他の障害児・者の親といった母子を支える、影響を与えうる人的も含む社会資源が多く存在しており、制度や福祉サービスだけではなく、人との繋がりが非常に重要であるということが示唆されました。また、他の社会資源から受ける影響だけではなく、母親及び障害のある自子に関する要因によっても「親なき後」への思いは変化しうること、さらに「親なき後」への不安な気持ちの大きさの程度には変化はあるものの、必ずしも親が高齢期をむかえる時だけの問題ではないことがうかがえました。また親役割のウエイトが高く、仕事や余暇など一人の女性としての側面が小さいことも課題です。

## 社会全体で考える「親なき後」問題への対応

知的障害者及びその家族の地域生活を支える上で、障害年金などの制度や福祉サービスなどの公的支援と並行して、子どもの自立促進を支え、母親自身の子離れを支える心理的支援も必要であると考えます。認知や判断に困難さを抱えている知的障害者の家族支援においては、親子双方の共依存から脱却し適度な距離感への自立は重要となってくると思います。その際、子ども中心の対人関係を通して出会った障害児・者の親や親の会等が母親にとって大切な繋がりとして示唆されましたが、その一方で「母親」としてではない場や時間、交友の場も大切であり、そのような場や時間を母親が十分にとれるような支援も検討が必要です。また「親なき後」を母親と障害のある自子のみの問題にしないためにも家族を巻き込んで支援を共に考えていく必要があるでしょう。ここでの巻き込むというのは、自子の支援者にさせるというわけではなく、自子のことをよく知る家族だからこそ、自子にとってのより良い方向性を共に見つけていくことが望ましいでしょう。

「親なき後」は、親のライフステージに関わらず、ひとたび子の親となった時から一生ついてまわります。しかし、親自身も考える必要性を感じつつも向き合うことを先送りしたい、非常にセンシティブな話題です。Aさんの母親の心情吐露に対し、その時私は穏当な受け答えしかできませんでしたが、ただしっかりと傾聴したことも、今となっては十分な支援なのだと思います。知的障害児・者やその家族とさまざまなライフステージで関わる保育士や幼稚園教諭、学校教員、施設職員、心理職等やそれを目指す学生たちにも、この親なき後について考える機会を積極的にもつ必要があると考えます。

親なき後を考える

調べてみよう
考えてみよう
やってみよう

1. 脚注23に挙げる文献（ネットで入手可）を読んで、知的障害者の親なき後の現状と課題について整理しておきましょう。

2. 本書が「親亡き後」ではなく「親なき後」としている意味について考えてみてください。

3. 「自立」とはどのようなことを意味するのか、考えてみましょう。また話し合ってみましょう。

23 伊藤美和・水内豊和・柘植雅義（2021）知的障害者の「親なき後」に関する研究動向と課題．とやま発達福祉学年報，12，27-34．
24 伊藤美和・水内豊和・柘植雅義（2021）「親なき後」に関する知的障害者の母親の意識―健常者母親群との比較から―．日本LD学会第30回大会論文集．
25 伊藤美和・水内豊和（2022）「親なき後」に関する知的障害者の母親の捉え方に関する研究―母親へのインタビュー調査から―．日本LD学会第31回大会論文集．

第26講義

SDGs×障害

# 障害者も目標達成のメンバーだ

## 質の高い教育への平等なアクセス

SDGsとは「Sustainable Development Goals」の略で、日本語では「持続可能な開発目標」。2015年9月、国連で採択された、2016年から2030年までの15年間で世界が達成すべきゴールを示したものです。17の目標と169のターゲットで構成されています。近年、自治体や企業よる課題解決に向けた取り組みの発信をよく目にするようになりました。先進国であり、またグローバル企業を擁する日本にあっては、取り組むべき課題に掲げられるキーワードは、経

済成長、技術革新、クリーンエネルギー、気候変動、海洋資源、生物多様性といった、どちらかといえば数値化しやすい指標で評価できるようなものが多いと私は感じています。しかし目標とターゲットを見ていくと、わが国の障害者に関連することも少なくないのです。

たとえば、目標4「質の高い教育をみんなに」では、すべての人への技術的・職業的スキル獲得や高等教育への平等なアクセスについて述べられています。日本は「**障害者権利条約**」に批准しました。これは、**インクルーシブ教育**の実現を約束したわけです。8・8％存在するという通常学級に所属する学習や生活上に困りを抱える発達障害のある・その疑いのある児童生徒の教育にあっては、**基礎的環境整備**と**合理的配慮**とにおいて解決していく必要があります。特別支援学校、特に知的障害児を対象とした特別支援学校においては、理科や社会のような教科学習の機会は非常に少ないです。また高等部卒業後の**生涯学習**の場はほとんどありません。

さらには**一般就労**よりも**福祉的就労**が多いのが現状です。なかでも**就労継続支援**B型では**最低賃金**が適用されないため、彼らの工賃は2020年度の平均で月額1万5776円です。また、彼らの就く仕事は、お菓子作りや清掃など、今後AIの発達とともになくなることが予想される職業がほとんどである、と考えると、はたしてSDGsの目指す教育の「質」とは何か、今一度検討される必要があるでしょう。

## 差別や偏見に対するアクション

目標8「働きがいも経済成長も」にも大きく関連してきます。近年、**障害者雇用数**は増加傾向にあります。**特例子会社**も増えています。しかし、2022年の厚生労働省のデータでは、雇用障害者数は61万3958人、これは実雇用率にして2・25％で、未だ**法定雇用率**（2021年度までは2・2％、2023年現在は2・3％、2024年には2・5％、2026年には2・7％）を下回っており、達成企業の割合は48・3％に留ります。知的障害者を各店舗に一人以上配置し雇用率は4・6％を超えるユニクロや、全体の7割以上が知的障害のある社員であり働きがいを様々な方策で保証している日本理化学工業、障害特性に合わせてパン製造やカフェ運営など本業とは別の業態において特例子会社を持つクロネコヤマトなどの取り組みは広く知られるべきでしょう。

そして目標4、8の2つの目標は、目標10「人や国の不平等をなくそう」における一つの具体的な分野ともいえます。教育や雇用だけでなく、この目標10は、障害者に関連することにおける根本を成すものです。すなわち、社会に潜む障害を理由とした様々な差別や偏見、**心理的バリア**が、障害のある人の生きづらさを作っているということに、世の中の人すべてが気づき、アクションすることを求めています。学校にあってはインクルーシブ教育の推進、企業や自治体にあっては**障害者差別解消法**や**障害者雇用促進法**などの遵守が求められます。

他にも目標6「安全な水とトイレを世界中に」においては、バリアフリートイレの設置推進はもちろんですが、近年問題にもなった多目的トイレ利用上のモラルといった点でも、やはり**心のバリアフリー**は重要な課題です。

## 「誰一人」取り残さないために

2022年3月、富山市内の地域課題に取り組む高校生や大学生らによる団体が交流する「富山市SDGs学生リーダーズミーティング」が行われ、県内8団体、海外1団体に水内ゼミの学生も選定されました。他団体から環境問題やリサイクルなどの活動が報告される中、水内ゼミの学生はかなりアウェイ感を纏いつつも、障害者のための大学公開講座や親子サークルなど、発達障害や知的障害のある子どもから大人、その家族を対象にした活動を紹介。周囲の支援や適切な環境によって本人や家族が抱く生きづらさは低減し、**QOL**が高まり、**ウェルビーイング**につながることの重要性を報告しました。その上で、水内ゼミの学生は「障害があってもSDGsの目標達成に関われるという視点を社会にもっと持ってほしい」と訴えました。この視点は私がゼミで常々「障害者がいつも何かしてもらう側ではなく、社会に作用する側になる、主役にしていくことが大事」と言ってきたことをゼミ生たちもよく理解していることの表れだと、会場で見ていてとても嬉しく思いました。ＳＤＧｓに関わる自治体や企業などは、ＳＤＧｓの目標や対象として障害者問題を考えることはあっても、障害者がＳＤＧｓに寄与する大切なメンバーとして考える視点はおそらく持ち合わせていないでしょう。

私は、富山大学教育学部附属特別支援学校教諭（現 旭川市立大学助教）の山崎智仁先生とともに、知的障害のある中学部生徒たちに、食育をテーマに道徳教育と**プログラミング教育**を取り入れた学習を行いました。ここでは「命」をテーマにした本を題材に食品への感謝の気持ちを高めたり、各学級の残飯量調査に取り組んだりしました。そして残飯量軽減に繋がるよう「情報」の授業において、複数のmicro:bitというツールを使って、1日の平均残飯量の数字を1桁ずつ表示されるようプログラミングし、玄関に掲示しました。その結果、全校児童生徒が残飯量に注目し、給食ロスを減らしました。また残飯は校内で肥料にし、学校菜園で野菜作りをし、学習発表会などで販売をしました。まさに目標12「つくる責任 つかう責任」の取り組みです。

国連の示した世界の障害者人口の推定値は第18講義でも書いたように「We The 15」、つまり15%です。東京、北京のパラリンピックが終わったら、障害者への着目がなくなるなんてことはあってほしくありません。２０３０年において「障害者も含めた」誰もが一人も取り残されることなく幸せを享受している、そんな未来を共創していくために、「障害者も含めた」一人一人が身近なところからＳＤＧｓに取り組んでいくことが求められます。

**調べてみよう
考えてみよう
やってみよう**

1. 自分の住む地域における最低賃金、企業や自治体の障害者雇用状況について調べてみましょう。またどのような特例子会社があるのかについても調べてみましょう。
2. 障害のある人がＳＤＧｓに寄与することにはどのようなことが考えられるでしょうか。グループで話し合ってみましょう。

最終講義

合理的配慮×障害

# インクルーシブ社会の実現に向けて

## 仕事も余暇も楽しむ全盲のAさん

私の親友、Aさんは視覚障害があり、高校までは盲学校（現在の特別支援学校）で学んでいましたが、高校数学教師になるという夢のもと、大学入試では、点字の問題、試験時間の1・5倍延長などの**合理的配慮**のもと合格しました。大学では点字プリンタや音声ガイドのあるパソコンなどのICTを用いて講義を受け、また教育実習も行い教員免許を取得して卒業しました。しかし、視覚障害のある自分の経験と理数系の能力を活かした仕事をしたいと思うようになり、理工系の大学院に進学し博士号を取得しました。

現在では地元富山の有名企業の研究部門で、当事者の視点を生かした、障害者の生活に便利なスマートフォンのアプリなどの開発をしています。国内はもとより国際会議での発表でアメリカに行くなどその活躍は幅広いです。

私生活では結婚し、つい先ごろマイホームを建て暮らしています。趣味はアニメとゲームで、そうしたネット上のつながりは、テキストの音声読み上げ機能もあり、視覚障害があることは、さほど障壁とはなっていません。

## 社会が障害のある人の参加を阻む怖さ

コロナ禍は多くの人に制約のある生活への転換を強いました。しかしAさんにとっては、テレワークの普及は、これまで自宅から会社までの乗り換えを含めた白杖を用いた電車通勤から、自宅でのパソコンでの作業へと移行し、障害のない人と同じかそれ以上に仕事に邁進しています。

そんな彼が学生時代に悔しかったエピソードを語ってくれました。大学での期末試験の時、他の学生は問題用紙と回答用紙が配られ時間内で行うものを、担当教員からAさんは「君は紙の試験はできないだろうから、替わりに教科書をまとめた感想レポートを後日メールで送ってくれたらいいよ」と言われたそうです。普段から使用しているハンディタイプの点字ライターを持ち込めば同じ教室で同じ時間内で同じ課題を回答し、データで提出できるのに、能力的に低く見積もられたことがとても悔しかったそうです。このような、人と関わるとき、相手を差別したり、傷つけたりする意図はないのに、相手の心にちょっとした影をおとすような言葉や行動を**マイクロ**

**アグレッション**といいます。本人の意向に沿わないお仕着せの支援は、合理的配慮ではありません。

## 障害は、その人の中にあるのではなく、社会との相互作用で作られる

Aさんは、「障害は、その人の中にあるのではなく、社会との相互作用で生まれるものであり、それによって生きやすくも生きづらくもなります。今日の目覚ましいＩＣＴの開発と活用が進めば、障害はやがて障害ではなくなるでしょう。そのためにも社会の障害者への正しい理解が深まることと、障害者に対する学校段階からの合理的配慮の提供は欠かせません。」と、インクルーシブ社会

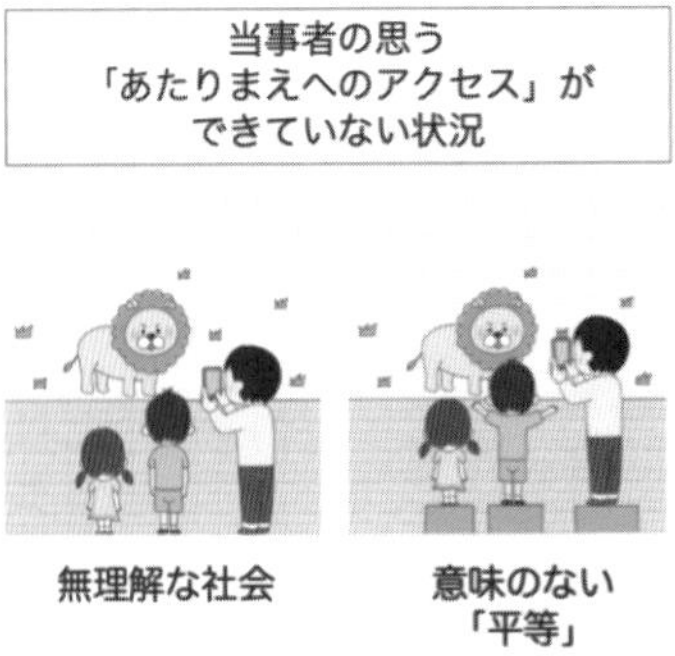

の成熟における**多様性（ダイバーシティ）**理解の重要性を語ります。その際、支援で大事なことは「内容」を落とすのではなく「方法」で支える、この原則を忘れてはなりません。
この講義を受講したみなさんが、障害を自分ごととして捉え、社会の一員として多様性（ダイバーシティ）を抱合するインクルーシブ社会の実現に向けてアクションを起こすことを期待し、本講義を閉じたいと思います。

**調べてみよう**
**考えてみよう**
**やってみよう**

**1.** 近年、企業等が提唱している「**DE&I**」について調べてみましょう。
**2.** 文部科学省が行った「通常学級に在籍する特別な教育的支援を必要とする児童生徒に関する調査結果」では2002年で6・3%、2012年で6・5%、2022年では8・8%でした。この数値の増加の要因について、グループで話し合ってみましょう。
**3.** なぜ障害のある人の支援において「内容を落とすのではなく方法で支える」ことが原則となるのか、考えてみましょう。

# 付録

# 障害や疾病に関連する記念日

私たちは、古来より何らかの物事や過去の出来事を記念する日を設けてきました。生活の中の気温の変化や、吹く風の香り、そして木花の芽吹きなどに加え、様々な記念日にも、移ろう季節を感じます。障害や疾病に関してもさまざまな記念日があります。ここでは2つ紹介しましょう。

## 世界自閉症啓発デー（4月2日）

2007年12月の国連総会で制定されました。国連総会（2007年12月18日開催）において、カタール王国王妃の提案により、毎年4月2日を「世界自閉症啓発デー」（World Autism Awareness Day）とすることが決議され、全世界の人々に**ASD（自閉症スペクトラム障害、自閉スペクトラム症）**を理解してもらう取り組みが行われています。わが国でも、世界自閉症啓発デー・日本実行委員会が組織され、ASDをはじめとする発達障害について、広く啓発する活動を行っています。具体的には、毎年、世界自閉症啓発デーの4月2日から8日を「発達障害啓発週間」として、シンポジウムの開催やランドマークのブルーライトアップ等の活動を行っています。シンボルカラーは青色。この日はわが国でも東京タワーや大阪城をはじめ、全国のさまざまなランドマークがブルーにライトアップされます。

ASDは、以前は知的な遅れを伴うものだけを指して自閉症と言われており、その出現率は

1000人に3、4人程度とされていました。その後、知的に遅れのないアスペルガー症候群の存在と併せ、現在では「自閉スペクトラム症」という幅広い概念に定義づけられており、100人に1人程度存在するとされます。スペクトラムとは連続体という意味です。

ASDは、対人関係が苦手、強いこだわりといった特徴のある発達障害の一つです。1943年にアメリカの児童精神科医のカナーが最初に報告しました。実はその翌年にオーストリアの小児科医アスペルガーが知的な遅れを伴わない言葉のあるタイプの子どもの存在を発表しています（第18講義参照）。しかし、時は大戦中。ドイツ語で書かれたアスペルガーの報告ではなく、英語で書かれたカナーの報告の方が世の中で読まれ認知されたのです。わが国でも戦後しばらくは自閉症といえば知的な遅れがあり言葉を有しないような状態のことを指していました。しかし、1981年にイギリスのウィングがアスペルガーの功績を再評価し、知的な遅れもなく比較的コミュニケーションが良好な自閉症児・者の存在を世界的に知らしめました。以降、自閉症、広汎性発達障害、アスペルガー症候群などの概念が混在して用いられた時期を経て、現在では、先述のように下位分類を設けず、自閉スペクトラム症という包括的な診断名に統一されています。詳しくは、DSM-5もしくはICD-11という国際的な診断基準をご覧ください。

## ハンセン病を正しく理解する週間（6月25日を含む1週間）

6月22日は「らい予防法による被害者の名誉回復及び追悼の日」です。これは2009年より厚生労働省が実施するものです。2001年のこの日、「ハンセン病補償法」が公布・施行されました。ハンセン病患者の名誉回復を図ることが目的であり、この日には厚生労働省主催の追悼、慰霊、名誉回復の行事が行われています。また、貞明皇后（大正天皇妃）は、ハンセン病患者の救済に尽力されました。このことから、国は貞明皇后の誕生日である6月25日を含めた週の日曜日から土曜日までを「ハンセン病を正しく理解する週間」とし、ハンセン病についての正しい知識を普及させ、偏見をなくすため、広報や講演会、療養所の見学などが行われています。なお、1月の最終日曜日は「世界ハンセン病の日」でもあります。

ハンセン病は、ノルウェーの医師ハンセンが発見した「らい菌」による感染症です。1996年に「らい予防法」が廃止され、それまで「らい病」と呼ばれていた病名は「ハンセン病」に統一されました。ハンセン病は、皮膚と末梢神経の病気です。以前は手足や顔の変形や視覚障害などの後遺症が残ることがありましたが、現在は治療方法が確立されているため、早期発見・早期治療により短期間で治癒します。らい菌は感染力の非常に弱い菌であり、通常の生活環境ではほとんど発病することはありません。また、回復した患者の外見上に後遺症が残っていても、まわりの人が感染することはありません。なお、**宮崎駿**さんの**スタジオジブリ**アニメ「**もののけ姫**」には、ハンセン病をモチーフにしたシーンが描かれます。付け加えると「**となりのトトロ**」には今では治療可能ですが、1950年代当時「不治の病」と言われた結核の療養の様子も描かれています。

## 記念日が特殊なものでなくなるように

ASDは、生まれつきの脳機能の障害です。しかし今でもひきこもりや親のしつけが原因といった誤った理解により本人や家族は苦しい思いをしています。ハンセン病は「らい予防法」が廃止されるまで患者は療養所に隔離されてきました。しかし今でも感染症というイメージや、外見的特徴などから、患者本人やその家族が差別や偏見に苦しんだりしています。このようにいずれも無知からくる**心理的バリア**であり、社会の壁が現存しています。

ここに挙げた記念日も制定された背景や込められた意味を知ると、その尊さや重要さがわかります。ここでは記念日の意味や由来などを簡潔に紹介します。日頃からこうした記念日についても家庭や学校、職場などで話題にしてみてはいかがでしょうか。そしていつしか記念日にしか特別に扱うことをしないのではなく、日常の**自然な生活文脈**に自ずと位置づいている**障害観**の成熟、真のインクルーシブ社会の実現を願って。

**調べてみよう**
**考えてみよう**
**やってみよう**

1. 以下の障害に関する記念日リストに記載されていない、自分にとって関心のある事項についても、記念日となっていないか、調べてみましょう。
2. みなさんは、障害分野において、もし自分が記念日を自由に制定できるとしたら、どのような記念日を考えますか？　グループで話し合ってみましょう。

## 障害や疾病に関連する記念日リスト

### 4月1日　児童福祉法施行記念日

児童福祉法が施行された日。

### 4月2日　世界自閉症啓発デー

２００７年の国連総会で制定。すべての国連加盟国で自閉症の理解と啓発を目的とした取り組みが行われる。日本では、厚生労働省および関係団体が協力して「世界自閉症啓発デー・実行委員会」を組織し、日本各地で啓発イベントを行ったり、「Light it up Blue」としてランドマークを青色に点灯したりする。

### 4月2〜8日　発達障害啓発週間

日本では、世界自閉症啓発デーからの1週間を「発達障害啓発週間」と定め、発達障害について多くの人に広く知ってもらう機会としている。シンポジウムの開催やランドマークを青色にライトアップする等の活動を行っている。

### 4月7日　世界保健デー

１９４８年にＷＨＯが開催した第1回世界保健総会において、１９５０年から4月7日を世界保健デーとすることが決定された。毎年、公衆衛生に関するテーマが掲げられ、世界各地でイベントが実施されている。

## 4月17日　世界血友病デー

血友病や遺伝性出血性疾患患者の治療の維持向上を目的とする国際的な患者団体の「世界血友病連盟（WFH）」が制定。血友病およびその他の血液の病気についての啓発を行い、治療向上への取り組みを強化することを目的としている。

## 4月25日　失語症の日

失語症のある人についての理解・啓発を行うNPO法人日本失語症協議会が制定。4と25で「しつご」の語呂合わせから。

## 4月25日　世界マラリアデー

ナイジェリアでマラリア撲滅国際会議が開かれた日を記念し、全世界で行われているマラリア制御に向けた努力を互いに認識する機会として、2007年5月、WHOによって制定。マラリアの現状を理解し、根絶への取組みを考える。

## 4月最終水曜日　国際盲導犬の日

国際盲導犬連盟（IGDF）セミナーの前身である国際盲導犬学校連盟が発足した1989年4月12日水曜日にちなみ、毎年4月の最終水曜日に制定。世界各国で盲導犬への理解の呼びかけ、その普及や発展を目的としている。

**5月第1火曜日　世界喘息デー**

1993年に設立されたWHOの協同組織である喘息のためのグローバルイニシアチブ(GINA)により制定。喘息の認識とケアの改善を目的として、世界中でイベントが行われる。

**5月1日　水俣病啓発の日**

公害の水俣病を忘れない日として、2006年に制定。1956年5月1日、熊本県水俣市の保健所に市内の病院より原因不明の病気が報告され、これが水俣病の発見とされている。

**5月4日　ゴーシェ病の日**

先天性代謝異常疾患ゴーシェ病についての啓発やゴーシェ病の患者が一日も早く治療を受けられるための活動を行う日本ゴーシェ病の会が制定。「ゴーシェ病患者及び親の会」から現在の会の名前に変わり活動を開始したのが5月4日であること、また、「ゴ(5)ーシ(4)ェ」の語呂合わせから。

**5月5日　手話記念日**

2003年、聴覚障害のある写真家の後藤田三朗の提唱により日本デフ協会が制定。日付は手話が左右の5本指を使うことに由来。

ちなみに、2011年の「障害者基本法の一部を改正する法律」の公布・施行により、初めて法律により「手話」が言語として認められた。

**5月5〜11日　児童福祉週間**

厚生労働省が子どもや家庭、子どもの健やかな成長について国民全体で考えることを目的として制定。日本の児童福祉の理念の周知を図り、国民の児童に対する認識を深めるための週間として、1947年から実施。

**5月7日　世界エイズ孤児デー**

2002年にアメリカのニューヨークで開催された国連子ども特別総会において制定。エイズ孤児問題への理解啓発が目的。

**5月12日　国際看護師の日**

国際看護師協会が1965年に制定。看護師ナイチンゲールの誕生日が由来。看護師の社会貢献を称えることが目的。

**5月22日　ほじょ犬の日**

身体障害者補助犬法が、2002年5月22日に参議院本会議で満場の賛成で可決・成立したことを記念して、介助犬の育成や啓発などに取り組む社会福祉法人日本介助犬協会が制定。

身体障害者補助犬法は、身体障害者補助犬（盲導犬、介助犬、聴導犬）の育成や補助犬の同伴による施設等の利用の円滑化により障害のある人の自立や社会参加の促進を目的としている。

**5月31日　世界禁煙デー**
ＷＨＯが１９８９年に制定。身体に害を及ぼすたばこを吸わないことが、一般的な社会習慣となることを目指す。

**6月2日　世界摂食障害アクションデイ**
当事者と家族、専門家や研究者、サポーターらがメディアを活用して国境を越えて団結し、摂食障害の啓発と支援活動を世界中で行う日として２０１６年に制定。

**6月6日　補聴器の日**
全国補聴器メーカー協議会（現：一般社団法人日本補聴器工業会）と全国補聴器販売店協会（現：一般社団法人日本補聴器販売店協会）が１９９９年に制定。
「６」を向かい合わせにすると耳の形に見える。また、聞こえの弱った耳に、補聴器という聞こえを補うもう一つの耳を付けることから、３月３日（語呂合わせで耳の日）×２で６月６日に制定。

**6月7日　緑内障を考える日**
一般社団法人緑内障フレンド・ネットワークが制定。緑内障についての正しい理解啓発と一年に一度の検診を勧奨している。「りょく（６）ない（７）」（緑内）と読む語呂から。

**6月13日　国際アルビニズム（白皮症）啓発デー**

アルビニズムの人々に対する差別や偏見をなくし、白皮症への理解を高めることを目的とし、2014年に国連総会により制定。

**6月14日　世界献血者デー**

2004年に国際赤十字・赤新月社連盟、世界献血団体連盟、国際輸血学会が制定。血液製剤の世界的な需要が高まる中で、献血活動に協力するボランティアに敬意を表し、その活動を広く認識してもらう目的。

ABO式血液型を発見した病理学者カール・ラントシュタイナーの誕生日から。

**6月14日　認知症予防の日**

日本認知症予防学会が制定。認知症予防の理解啓発が目的。

認知症の大きな原因であるアルツハイマー病を発見したドイツの精神科医アロイス・アルツハイマーの誕生日から。

**6月15日　世界高齢者虐待啓発デー**

2011年12月の国連総会で制定。高齢者に対する虐待や苦しみを防止するための取り組みを啓発する日。

**夏至（6月21日くらい）　がん支え合いの日**

がん患者や家族を支援するNPO法人キャンサーリボンズが制定。がんとがん患者に対する理解啓発が目的。

最も昼が長い「夏至」を記念日とした。

**6月22日　らい予防法による被害者の名誉回復及び追悼の日**

2009年、厚生労働省により、ハンセン病患者の名誉回復を図ることを目的として制定。

2001年同日に「ハンセン病補償法」が公布・施行されたことから。

**6月25日を含む一週間　ハンセン病を正しく理解する週間**

厚生省（現厚生労働省）が1964年に定めた週間。ハンセン病についての正しい知識を普及させ、偏見をなくすため、広報や講演会、療養所の見学などが行われる。

貞明皇后（大正天皇の皇后）の誕生日に由来。

**7月6日　ワクチンの日**

医療技術会社であるアメリカのBectonDickinson社の日本法人である日本ベクトン・ディッキンソン株式会社がワクチンの大切さの理解啓発を目的に制定。

1885年7月6日に、近代ワクチンの父であるフランスのルイ・パスツールが開発した狂犬病ワクチンが、当時9歳のジョセフ・マイスターに接種された日に由来。

**7月11日　UDF（ユニバーサルデザインフード）の日**

介護食品を取り扱う企業で構成される日本介護食品協議会が制定。「ユニバーサルデザインフード（UDF）」の名称と「UDFロゴマーク」を製品に使用することで、利用者に安心して選んでもらうことを目的。

**7月17日　理学療法の日**

公益社団法人日本理学療法士協会が制定。

1965年、理学療法士について定めた理学療法士及び作業療法士法が公布され、翌年、第1回理学療法士国家試験が実施された。この試験に合格した110名の理学療法士によって1966年7月17日に日本理学療法士協会が結成されたことに由来。

**7月28日　世界肝炎デー**

ウイルス性肝炎（B型肝炎・C型肝炎）の世界的認識を高め、促進することを目的とし、2010年のWHO総会において制定。

**8月25日　パラスポーツの日**

障害者スポーツの振興と、障害者への理解を深める機会とすることを目的とし、NPO法人アダプテッドスポーツ・サポートセンター（ASSC）が制定。

2020年に開催される予定であった東京パラリンピックの開会式と同じ日に由来。

**9月　知的障害者福祉月間**

財団法人日本精神薄弱者連盟（現在の公益財団法人日本知的障害福祉連盟）が制定。知的障害者についての理解を深めるとともに、教育や福祉の向上および充実を図ることを目的。

**9月　発達障害福祉月間**

公益財団法人日本発達障害福祉連盟が制定。9月を福祉月間として、発達障害への関心や正しい理解、福祉の向上を目的に、セミナー、映画上映、講演、シンポジウム、ファミリーコンサートなどを行う。

**9月　障害者雇用支援月間**

厚生労働省並びに独立行政法人高齢・障害・求職者雇用支援機構により、障害者の雇用を促進し、職業的な自立を図ることを目的に、全国で様々な啓発活動が実施される。

**9月1日　言語聴覚の日**

言語聴覚障害や摂食・嚥下障害ならびに言語聴覚士について理解啓発を目的に、一般社団法人日本言語聴覚士協会が制定。

言語聴覚士法が制定された9月1日に由来。

**9月8日　国際識字デー**

1965年9月8日からイランで開催された世界文相会議であるテヘラン会議において、開発途上国の低い識字率が話題となり、パーレビー国王が各国の軍事費の一部を識字教育に充てることを提案したのがきっかけ。国際連合教育科学文化機関（ユネスコ）が制定。

## 9月9日　救急の日

消防庁により、救急業務や救急医療について一般の人々の正しい理解と認識を深め、救急医療関係者の意識高揚を図ることを目的とする。

「きゅう（9）きゅう（9）」（救急）と読む語呂合わせから。

## 9月10日　知的障害者愛護デー

日本精神薄弱者福祉連盟（現在の日本知的障害福祉連盟）が1964年に「精神薄弱者愛護デー」として制定し、その後現在のものに名称変更された。

## 9月15日　老人の日

老人福祉への理解や関心を高めること、社会を生きる人々が協力して助け合い、老人が自ら生活向上を努めることを目的とする。

## 9月15〜21日　老人福祉週間

老人福祉法第5条が改正により、2002年から9月15日は老人の日、そこから9月21日までの1週間を老人週間とした。

なお、老人の日と同様の趣旨の記念日として2002年までは毎年9月15日を「敬老の日」としていたが、2003年9月から第3月曜日としている。

**9月21日　世界アルツハイマーデー**

1994年に、国際アルツハイマー病協会とWHOと共同で制定。この日を中心にアルツハイマー病の啓発を実施している。

1994年にスコットランドのエジンバラで開催された第10回国際アルツハイマー病協会国際会議の初日に由来。

**9月23日　手話言語の国際デー**

手話言語が音声言語と対等であることを認めるとともに、ろう者の人権の十分な保障を目指して、国連の加盟国が社会全体で手話言語についての意識を高めるための手段を講じることを促進することを目的として2017年に国連総会で決議された。

世界ろう連盟（WFD）の設立日より。

**9月28日　情報へのユニバーサル・アクセスのための国際デー**

2015年にユネスコにより制定。国籍や年齢、性別、障害などあらゆる要因に関わらず、誰でも同じようにインターネットを利用でき、情報を得られる状態の実現にむけて努力がなされている。

## 9月第3日曜日　ペタンクの日

一般財団法人日本ペタンク・ブール連合（現：公益社団法人日本ペタンク・ブール連盟）が制定。パラスポーツ「ボッチャ」の元になった「ペタンク」の魅力をより多くの人に知ってもらい、競技の普及と発展を目的としている。

## 敬老の日（9月の第3月曜日）の前日　心・血管病予防デー

一般社団法人日本心・血管病予防会が制定。検診を受けることで血管に由来する様々な疾病を予防・発見する意識を高め、包括的に診断・治療することで、治療後の改善を図ることを目的としている。

主に高齢者を対象に心血管病予防の活動を行ってきたことから敬老の日の前日とした。

## 10月1日　国際高齢者デー

１９９０年12月の国連総会で制定。高齢者の権利や尊厳を守ること、高齢者差別、虐待の撤廃などの意識向上を目的としている。

## 10月1日　ピンクリボンデー

ピンクリボンは、乳がんの早期発見、早期診断、早期治療の重要性を伝えるために世界共通で用いられているシンボル。１９８０年代に米国で生まれ、日本では２００３年頃からピンクリボン運動が始まった。この日に東京タワーなど各地のシンボルをピンク色にライトアップしたり、企業や病院とタイアップした講演会など様々な乳がん啓発イベントが開催される。
また、ピンクリボンデーに合わせて毎年10月の第3日曜日には、全国規模で乳がん検診を実施するJ.M.S（ジャパン・マンモグラフィ・サンデー）が開催される。

**10月1日　福祉用具の日**

一般社団法人日本福祉用具供給協会が2002年よりこの日を「福祉用具の日」とし、福祉用具の普及・啓発キャンペーンに取り組んでいる。
1993年の福祉用具法の施行日に由来。

**10月2日　ディスレクシアデイ**

国際ディスレクシア協会（IDA）が学習障害の一つであるディスレクシア（読み書き障害）について理解・啓発を目的とし10月をディスレクシア月間としたことにちなみ、日本では発達性ディスレクシア研究会がこの日を記念日に制定。

**10月6日　世界脳性まひの日**

2012年に各国の支援団体らが制定。緑をテーマカラーに「Warm Green Day（WGD）」として、世界中にいる脳性まひの方を祝福し、地域社会に対して脳性まひについての啓蒙を行い、ノーマライゼーションを推進することを目標に活動している。

## 10月10日　世界メンタルヘルスデー

世界精神衛生連盟（WFMH）が、1992年より、メンタルヘルス問題に関する世間の意識を高め、偏見をなくし、正しい知識を普及することを目的として制定。

## 10月10日　目の愛護デー

1931年に中央盲人福祉協会が提唱した「視力保存デー」の活動を契機とし、戦後の1947年に改称され制定。現在、厚生労働省が主催となり、全国で目の健康を促す活動がされている。

10・10を横にすると、人の顔の目と眉に見えることに由来。

## 10月第2木曜日　世界視力デー

失明や視覚障害に対する意識向上と啓発を目的に、国際失明予防協会（IAPB）が定めた。世界中で様々な活動やイベントが開催され、眼疾患や視覚障害についての意識向上と啓発が推進されている。

## 10月11日　カミングアウトデー

NPO法人バブリングが制定。LGBTなど社会的にマイノリティとされる人々をはじめとして、ありのままの自分を表現できずにもがいているすべての人が「大切な人と自分らしく生きていきたい」とカミングアウトするきっかけとなる日としている。

**10月13日　世界血栓症デー**

国際血栓止血学会が制定。血栓症の認識を高め、診断、治療を促進し、血栓症による障害、死亡を低下させることを目的とする。

**10月20日　世界骨粗鬆症デー**

英国骨粗鬆症学会が1996年10月20日に骨粗鬆症の啓発を目的に制定し、1997年に国際骨粗鬆症財団（IOF）が引き継ぐ。世界から骨粗鬆症による骨折をなくすことを目標に世界的な活動を展開している。

**10月22日　国際吃音理解啓発の日**

1998年に国際吃音者連盟・国際流暢性学会などにより制定。吃音や言語障害のある人に対する理解啓発を目的とする。

シンボルマークは緑色のリボン。

**10月中の一週間（年により異なる）　精神保健福祉普及運動**

厚生労働省や自治体が、精神障害者の福祉の増進と国民の精神保健の向上を図り、全国的に活動をしている。

**11月1日　点字の日・日本点字制定記念日**

2013年にNPO法人日本点字普及協会が、点字を使う人を知って、点字を大切にする人を増やす点字普及活動の一環として制定。

明治23年のこの日に日本語用の点字が決められたことに由来。それまで日本語を点字で表すときは、ローマ字つづりで表現されていた。

**11月1〜10日　障害者人材開発促進旬間**

厚生労働省により、1997年から、毎年11月を「人材開発促進月間」とし、その上旬（1日〜10日）を「障害者人材開発促進旬間」としている。障害者の職業能力開発施策の周知を集中的に実施している。

**11月3日　難聴ケアの日**

補聴器専門店である株式会社岡野電気により制定。

11と3で「いいみみ」の語呂合わせと、難聴ケアを文化にしたいという思いから文化の日に合わせた。

**11月10日　肢体不自由児愛護の日**

日本肢体不自由児協会の主唱で1953年から実施。肢体不自由愛護思想を普及させ、肢体不自由児の幸せを図ることが目的。

この日から12月10日までの1カ月間は「手足の不自由な子供を育てる運動」期間。

**11月11日　介護の日**

厚生労働省により、介護について理解と認識を深め、介護従事者、介護サービス利用者及び介護家族を支援するとともに、利用者、家族、介護従事者、地域社会における支え合いや交流を促進する観点から、高齢者や障害者等に対する介護に関し、国民への啓発を重点的に実施する目的で制定。

**11月14日　世界糖尿病デー**

1991年にIDF（国際糖尿病連合）とWHOが制定し、2006年12月20日に国連総会において認定。世界中で糖尿病の啓発活動が行われる。

インスリンを発見したカナダのバンティング博士の誕生日に由来。シンボルマークは青い丸をモチーフにしたブルーサークル。

**12月1日　世界エイズデー**

1988年にWHOが制定し、1996年からUNAIDS（国連合同エイズ計画）も活動を継承。エイズに関する正しい知識等についての啓発活動を推進し、エイズまん延防止及び患者・感染者に対する差別・偏見の解消等を図ることを目的とする。

シンボルマークはレッドリボン。

## 12月3日　国際障害者デー

1992年に「障害者に関する世界行動計画」が国連総会で採択された日であり、これを記念して同年の第47回国連総会において制定。障害のある人々の権利と、地域社会における政治的、社会的、経済的および文化的生活のあらゆる局面への障害のある人々の統合から得られる利益を中心に、障害問題に対する理解を促進することが目的。

## 12月3〜9日　障害者週間

12月9日は、1975年に「障害者の権利宣言」が国連総会で採択された日であり、1981年の国際障害者年を記念して「障害者の日」と制定。その後、1993年11月に心身障害者対策基本法が障害者基本法に改められた際に同日を「障害者の日」とすることが法律にも規定された。さらに12月3日から12月9日までを「障害者週間」と定めた。

国民の間に広く障害者の福祉についての関心と理解を深めるとともに、障害者が社会、経済、文化その他あらゆる分野の活動に積極的に参加する意欲を高めることが目的。

## 12月4日　血清療法の日

北里柴三郎とエミール・ベーリングが連名で破傷風とジフテリアの血清療法の発見を発表した日に由来。

**12月4〜10日　人権週間**
**12月10日　人権デー**

１９４８年12月10日に、国連第3回総会において、全ての人民と全ての国とが達成すべき共通の基準として「世界人権宣言」が採択されたことにちなみ12月10日を「人権デー」とした。
わが国における法務省の人権擁護機関では１９４９年から人権デーを最終日とする1週間（12月4〜10日）を「人権週間」と定め、その期間中、各関係機関及び団体と協力して、全国的に人権啓発活動を展開し、人権尊重思想の普及高揚を呼びかけている。

**12月12日　児童福祉法公布記念日**

児童が良好な環境において生まれ、かつ心身ともに健やかに育成されるよう、保育、母子保護、児童虐待防止対策を含むすべての児童の福祉を支援する児童福祉法が１９４７年12月12日に公布されたことを記念し制定。

**12月12日　杖の日**

家にひきこもりがちな高齢者や障害者が生きがいを持ち、「杖」を使って安全に外出してほしいという願いを込め、福祉サービス関連の株式会社丸冨士が制定。
「杖を持ってイッチニ（12）、イッチニ（12）」と読む語呂合わせから。

## 1月1日　日本初の点字新聞「あけぼの」創刊記念日

点字・録音図書などを出版する社会福祉法人桜雲会が制定。

１９０６年1月1日、教育者であった左近允孝之進により点字新聞「あけぼの」創刊。創刊号に示された「視覚障害者が情報を得られるように」という精神は、現在の毎日新聞社が発行する「点字毎日」に継承。

## 1月4日　世界点字デー

世界盲人連合によって制定。視覚障害者の権利を守り、コミュニケーション手段としての点字の重要性に対する意識を高めることが目的。

６点点字を考案したルイ・ブライユの誕生日に由来。

## 1月20日　インクルーシブを考える日

特別支援学校高等部などを卒業した後の学びの場として各地で「カレッジ」を運営する株式会社ゆたかカレッジが制定。この記念日を通じて障害者の社会への完全参加と平等を考える機会とすることが目的。

国連総会で採択された障害者権利条約に日本の批准が承認された２０１４年1月20日に由来。

## 1月最終日曜日　世界ハンセン病の日

１９５４年、フランスの思想家、詩人で弁護士でもあるラウル・フォレローがハンセン病の正しい知識を広めるため提唱した記念日。

**2月4日　世界対がんデー**

2000年の「対がん同盟結成を呼びかけるパリ憲章」に基づき、国際対がん連合が2002年から実施。がんへの意識向上と予防・検出・治療への取り組みを促し、政治的にがん対策を行うことを目的。

**2月20日　アレルギーの日**

免疫学者の石坂公成がアレルギーの原因となる抗体の一種、免疫グロブリンE（IgE）を発見した日を記念して、公益財団法人日本アレルギー協会が制定。

2月20日の前後1週間を「アレルギー週間」とし、患者や医療従事者向けに様々なアレルギーの啓発活動が行われる。

**2月第2月曜日　世界てんかんの日**

ヨーロッパでは聖ヴァレンタインがてんかんのある人々を救った聖人として称えられていることにちなみ、国際てんかん協会と国際抗てんかん連盟が、2015年にバレンタインデー直前の月曜日を「世界てんかんの日」に制定した。

日本では、公益社団法人日本てんかん協会を中心に、てんかんについての正しい知識を広めることを目的とした活動を行っている。

## 2月最終日　世界希少・難治性疾患の日

希少・難治性疾患の患者のより良い診断や治療による生活の質の向上を目指して、スウェーデンで2008年から活動が始まった。

## 3月1日　エイズ差別ゼロの日

国連合同エイズ計画が2013年に世界エイズデー（12月1日）の式典にて制定。エイズに対する正しい知識や理解がないことから偏見・差別が残る地域も数多くあり、これらの差別をなくすための啓発活動を行う。

## 3月3日　耳の日・国際耳の日

日本で3月3日の「ミミミ」という語呂や耳を連想する3の形から、1956年に日本耳鼻咽喉科頭頸部外科学会の提案により制定。耳や聴力について多くの人の関心を集めること、難聴と言語障害をもつ人々の悩みを少しでも解決することを目的とする。

2007年には中国の北京で開催された「第1回聴覚障害の予防とリハビリに関する国際会議」において、耳の形から毎年3月3日を国際耳の日とすることがWHOによって宣言された。

なお、電話の発明者でろう教育者のグラハム・ベルの誕生日でもある。

## 3月18日　点字ブロックの日

点字ブロックは、視覚障害者の安全歩行のために三宅精一が1965年に考案・開発し、

1967年3月18日に世界で初めて、岡山盲学校付近の国道2号線の交差点に敷設された。この日を記念し、岡山県視覚障害者協会が2010年に申請し、認められた記念日。バリアフリー社会の実現を図るために、点字ブロックの必要性を訴え、普及を進めることが目的。

**3月21日　世界ダウン症の日**

2004年に国際ダウン症連合が制定し、2006年から開催された。2012年から国連が国際デーの一つに制定。日本では公益財団法人日本ダウン症協会を中心にさまざまな理解啓発イベントを行う。

ダウン症がある人たちは、21番目の染色体が3本あることに由来。

**3月24日　世界結核デー**

WHOが1997年の世界保健総会で制定。世界中で結核撲滅に向けた様々なイベントが行われる。

関連各種団体・組織・会社等のウェブサイト、ウィキペディア、一般社団法人日本記念日協会のウェブサイトなどを参考に著者作成（2022年11月3日現在）

# あとがき

大学教員生活も20年目、定年から逆算すれば折り返し地点の２０２２年、本書の執筆を契機に、これまでの取り組みを振り返ることとなりました。

第7講義でも書きましたが、おりしも２０２２年、わが国は国連から、批准した「障害者の権利条約」におけるインクルーシブ教育のあり方について是正勧告を受けました。とはいえ、わが国なりの障害者処遇の歴史があり、その延長線上に、今日の特別支援学校を含めた特別支援教育制度となります。今後、国際社会の一員として、私たちはどのようなインクルーシブ教育、そしてインクルーシブ社会のありようを目指せば良いのでしょうか。本書の中で何度も書きましたが、私たち一人ひとりの障害観のブラッシュアップによる心理的な障壁の除去がとても重要だと思います。

先日車いすテニスを引退した世界ランク1位の国枝慎吾さんは「共生社会とか多様性とか、そんな言葉がいらなくなることが一番の理想」と言います。誰一人取り残さない、誰しもが互いに多様性を尊重する共生社会の実現に向けて、まずは私たちに何ができるのかを真剣に考える、そのための参考資料の一つとして、本書が少しでも寄与できるなら幸いです。

本書は、『週刊教育資料』（教育公論社）の連載を再構成したものです。当時の編集担当だった由良直也氏に感謝しております。書籍化に際しては、ジアース教育新社の加藤勝博社長、舘野孝之編集部長には、この書籍の意義を評価し刊行を認めてくださったことに深謝申し上げます。

本書の内容は、富山県ＬＤ等発達障害及び周辺児者親の会「ゆうの会」の個性的でステキなメンバー・保護者をはじめ、私と関わりのある障害のある当事者とそのご家族の20年近くにわたるひとかたならぬご協力の上に成り立っています。また、本書にぴったりのイラストを描いてくれた伊藤美和さんをはじめ、成田泉さん、大井ひかるさん、島田明子さん、髙橋咲良さんといった歴代水内ゼミの大学院生と学部生たち、視覚障害に詳しい友人守井清吾さん、そして山崎智仁先生（元富山大学教育学部附属特別支援学校・教諭、現 旭川市立大学・助教）というすばらしい特別支援教育の実践をする研究仲間に支えられて上梓することができました。

また、本書のエピソード中にも出てくる私の両親や妻と子どもたちは、この仕事のモチベーションに大きく影響していることはいうまでもありません。こうした、本書に関わる、すべての皆様に、あらためて感謝申し上げます。ありがとうございました。

２０２３年春　水内豊和

【ら行】



【 わ行 】

【な行】



【は行】



【ま行】



【や行】

【た行】

## 【さ行】

# 索引

# 著者紹介

## 水内　豊和（みずうち とよかず）

島根県立大学人間文化学部保育教育学科准教授／博士（教育情報学）
公認心理師・臨床発達心理士 SV

富山大学教育学部講師、富山大学人間発達科学部准教授、帝京大学文学部心理学科准教授を経て現職。

専門は特別支援教育、臨床発達心理学、教育工学。

1976 年、岡山県岡山市生まれ。岡山大学教育学部養護学校教育養成課程卒業、広島大学大学院教育学研究科博士課程前期幼年期総合科学専攻修了、東北大学大学院教育情報学教育部博士課程教育情報学専攻修了。

発達障害のある子どもやその家族の相談支援、乳幼児健診の心理相談員、保育所訪問支援、成人の余暇支援など発達臨床にかかわる。また富山県自閉症協会会長、日本ダウン症協会富山支部顧問、富山 LD 親の会「ゆうの会」顧問など、当事者とその家族に寄り添った活動をしている。

主著に『よくわかるインクルーシブ保育』（編著）ミネルヴァ書房、『新時代を生きる力を育む知的・発達障害のある子のプログラミング教育実践』1・2巻（編著）ジアース教育新社、『新時代を生きる力を育む知的･発達障害のある子の道徳教育実践』（編著）ジアース教育新社、『ソーシャルスキルトレーニングのための ICT 活用ガイド』（編著）グレートインターナショナル、『知的障害のある子へのプログラミング教育にチャレンジ！』（編著）明治図書、ほか多数。

平成 30 年度一般社団法人日本 LD 学会実践奨励賞。

イラスト
## 伊藤　美和（いとう　みわ）

修士（教育学）　臨床発達心理士

三重県桑名市生まれ。富山大学人間発達科学部卒業、富山大学大学院人間発達科学研究科修了。富山大学水内ゼミにて、発達障害のある当事者とその家族の心理相談や発達臨床を学び、現在は発達障害のある人の就労・生活支援に携わる。

・本書で扱う事例は、当事者並びにその家族に許可を得たものであり、かつ個人が特定できないように加工しています。
・本書は教育公論社『週刊教育資料』1604号～1651号に連載した記事を、転載許諾を受けて加筆修正したものに、新規に書き下ろしを加えたものです。
・本書の内容は特に記載のない場合、2023年1月現在のものです。
・本文の書体にはUDフォントを使用しています。


身近なコトから理解する
インクルーシブ社会の障害《がい》学入門
―出雲神話からSDGsまで―

2023年 4 月 1 日　初版第 1 刷 発行

■著　者　水内　豊和
■発行者　加藤　勝博
■発行所　株式会社ジアース教育新社


〒101-0054　東京都千代田区神田錦町 1-23　宗保第 2 ビル
TEL：03-5282-7183　FAX：03-5282-7892
E-mail：info@kyoikushinsha.co.jp
URL：https://www.kyoikushinsha.co.jp/


■デザイン　小笠原　准子（アトム☆スタジオ）
■イラスト　伊藤　美和
■企画・編集　舘野　孝之
■印刷・製本　株式会社日本制作センター
○定価はカバーに表示してあります。



Printed in Japan
ISBN978-4-86371-649-0